KB161149

의료 비즈니스의 시대

**의료 비즈니스의 시대**
우리는 어쩌다 아픈 몸을 시장에 맡기게 되었나

김현아 지음

2023년 8월 7일 초판 1쇄 발행
2023년 12월 15일 초판 3쇄 발행

펴낸이 한철희 | 펴낸곳 돌베개 | 등록 1979년 8월 25일 제406-2003-000018호
주소 (10881) 경기도 파주시 회동길 77-20 (문발동)
전화 (031) 955-5020 | 팩스 (031) 955-5050
홈페이지 www.dolbegae.co.kr | 전자우편 book@dolbegae.co.kr
블로그 blog.naver.com/imdol79 | 페이스북 /dolbegae | 트위터 @Dolbegae79

편집 하명성
표지디자인 허귀남 | 본문디자인 이은정·이연경
마케팅 심찬식·고운성·김영수·한광재 | 제작·관리 윤국중·이수민·한누리
인쇄·제본 한영문화사

ⓒ 김현아, 2023

ISBN 979-11-92836-24-9 (03330)

책값은 뒤표지에 있습니다.

# 의료 비즈니스의 시대

## 우리는 어쩌다 아픈 몸을
## 시장에 맡기게 되었나

김현아 지음

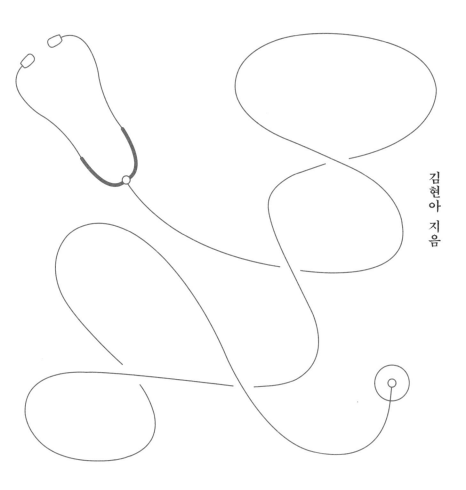

돌베개

## 차례

# 우리는 어쩌다 아픈 몸을 시장에 맡기게 되었나

## 어느 환자의 하루

내가 나이 70이 넘어 암에 걸릴 줄은 누가 알았겠어? 평생 감기 한번 안 앓았고 1년 365일 시장통에서 온갖 풍파를 다 견디며 집안을 일으켰던 내가. 자식들도 다 키우고 이제 좀 먹고살겠다 싶었는데 항암 치료다 뭐다 하면서 병원을 내 집처럼 들락거리게 되다니 참말로 하늘도 무심하시지. 의사 말로는 암이 완치되었다 하지만 불안한 마음은 어떻게 못 하겠네. 조금만 음식 먹은 게 안 내려가도 '혹시 재발이 아닌가', 골치만 아파도 '혹시 머리로 전이된 게 아닌가', 솥뚜껑 보고 놀라는 마음은 죽을 때까지 내내 달고 살아야 하나 봐.

그런데 이번에는 정말 제대로 아파서 다시 병원에 입원하게 되었지 뭐야. 며칠을 내리 배가 몹시 아프고 계속 토하는 바람에 응급실 갔다가 결국 입원을 했지. 입원하면 매일 검사들은 또 왜 이리 많누? 피 뽑고 사진 찍고 피 뽑고 사진 찍고. 그 많은 검사는 다 괜찮은지 걱정이 되어 잠도 잘 안 오고 뒷골까지 당기다 보니 배 아픈 건 어느새 저 멀리 도망간 거 같아.

그런데 아침에 회진 온 교수한테 골 아프다고 하니 또 머리 사진을 찍으라 하네. 그러고 보니 한참 전에 내 머리에 무슨 양성 내분비 혹이 있다고 한 말은 기억이 나. 그때는 괜찮으니 두고 보자고 했는데 또 검사하는 날 가슴이 두방망이질하네. 그런데 검사해놓고 왜 또 말은 없는지. 말이 없으면 더 불안해. 그렇게 일주일을 피는 한 말 뽑히고, 있는 검사 없는 검사 다 하고 나니까 괜찮으니 퇴원하라네.

터덜터덜 집으로 왔는데 저녁에 딸, 아들이 몰려와서 괜찮냐고 성화야. 뇌 사진 찍은 건 괜찮았냐, CT 찍은 건 괜찮았냐? 그러고 보니 입원해서 시원하게 답을 들은 게 없잖겠어? "뭐 괜찮으니까 가라 했겠지…" 하니 큰딸이 눈에 쌍심지를 켜면서 "엄마, 돈 몇백 들여서 검사 다 해놓고 그게 무슨 답이래요? 엄마 머리 혹 있는 거 어떻게 됐어요?" 하고 되레 나한테 따지네.

그러고 보니 이번 입원비는 자식들이 모아서 내준 거라 미안한 마음이 들기도 하는데 퇴원해버린 마당에 누구한테 물어? 종양 내과는 한 달 있다가 오라고 했는데…. "그래 다음 주에 내분비 내과하고 류마티스 내과 가기로 했으니 거기서라도 물어보마." 이래 놓고 애들을 달랬지. 궁금하면 지들이 와서 챙길 것이지 늙은 애미가 병원 들어가면 정신없어지는 거 모르

나. 영감이라도 살아 있다면 나아졌을라나….

그런데 외래 약 타러 가는 날 내분비 내과는 환자가 빠글빠글해서 한참을 기다리다가 이름 부르는데 못 듣고, 또 더 기다리다가 간호사가 "부르는데 왜 대답 안 하셨어요?" 하고 퉁을 주길래 미안해하면서 진료실에 들어갔지. 혈당이 어떻네, 콩팥이 어떻네, 이야기듣느라 정신 팔려서 '네, 네' 하다가 "약 석 달치 드릴게요" 하는 말 듣고 나와 보니 뇌 사진 결과를 못 물어본 거야.

이제 류마티스 과만 남았는데 번지수도 한참 먼데 '이를 어쩌나…' 하다가 그냥 눈 딱 감고 물어보기로 했어. 류마티스 의사는 내가 퇴행성 관절염이어서 자기한테 안 오고 집 가까운 병원에서 자기 처방대로 약 타먹으면 내가 더 편할 거라 하는데, 어차피 이 병원 계속 와야 하는데 그럴 필요가 뭐 있어? 그래도 갈 때마다 싫은 표정은 안 해서 다행이야. 진료 마치려는데 내가 용기를 내서 "지난 번 입원했을 때 뇌 사진 찍은 것 좀 봐주시겠어요?" 하고 말을 꺼냈지. 이 사람 웬만해서는 얼굴을 찡그리지 않는데 낯빛이 안 좋아지더군.

"아니 입원했을 때 결과 안 알려드렸어요?" 그렇다 하자 미간에 주름을 잡고 한참을 컴퓨터를 두드리며 한숨을 푹 쉬는데 미안하지만 어쩔 수가 없잖아.

"뇌하수체에 조그만 혹이 있어요. 그런데 이게 전에도 있었던 거고 크기는 별로 안 커진 거 같은데 이게 괜찮은 건지 저는 잘 모르겠어요. 이건 제가 책임지고 대답할 수 있는 내용이 아닌데요."

"아이고 미안해요."

"환자분이 미안해하실 거 없어요. 찍어놓고 설명도 안 해주는 사람이 잘못인 거지. 다음에 종양 내과나 내분비 내과 언제 가세요?"

"한 달 뒤라 하는데…"

"그럼 그때 가서 그 선생님한테 꼭 물어보세요. 급할 거 같지는 않네요."

컴퓨터에서 뇌 사진을 찾아서 들여다보느라고 진료가 늘어져서 내 뒷사람이 인상 쓰고 있었는데 그래도 어째. 별로 안 커졌다니 다행인 게지….


어느 의사의 하루

오늘도 정신없는 오전이었다. 오후 외래 진료가 있는 날인데 연구계획서 제출 마감일이 오늘까지여서 오전 중에 완료를 하지 않으면 안 된다. 항상 시간을 넉넉히 가지고 준비를 하고 싶은데 그게 잘 안 된다. 언제나 마감에 닥쳐서 쫓겨가며 마무리한다. 마지막 수정을 마친 시간은 12시 54분, 그래도 밥 먹을 시간은 있다. 파일을 넘긴 후 구내식당으로 달려간다.

밥이 어디로 넘어가는지도 모르게 먹고 양치질하면서 컴퓨터 화면을 보니 오늘도 환자가 적정 수를 넘는다. 꽤 오래전부터 나는 내 능력으로 제대로 볼 수 있는 환자 수를 조정해왔다. 그 이상을 보게 되면 말이 너무 길어지는 환자에게 짜증을 내는 일이 있다. 행여 그렇게 환자에게 짜증을 내면 나도 하루 종일 기분이 엉망이 된다. 오늘은 오전 내내 스트레스를 많이 받았기 때문에 숨을 고르고 진료를 시작해야 한다.

다행히 크게 어려운 환자는 없다. 이렇게 환자가 많은 날 복잡한 환자가 와서 예정 시간을 크게 넘겨버리면 많이 힘들어지는데 그렇지 않아 다행이다. 예약 환자는 가급적 15분 이상을 기다리지 않게 하려고 노력하는데 그게 쉽지 않다. 엄마는 A 대학교 병원에서는 예약 시간을 두 시간 넘게 기다리는 일이 다반사라고 '그런 식으로 할 거면 예약을 왜 잡냐'고 불평을 한다. 하지만 경증 질환은 동네 병원에서 진료받으라는 내 말을 엄마는 안 듣는다.

순조롭게 진행되던 진료가 김명숙 할머니 차례가 되면서 꼬이기 시작한다. 이 분은 퇴행성 관절염이라 약도 별로 필요하지 않고 운동하고 관리만 잘하면 된다고 이야기했다. 다행히 처방한 약이 잘 듣기도 해서 이제 고생스럽게 대학 병원 안 오셔도 된다고, 동네 병원 의뢰서까지 써주었으나 계속 나한테 진료를 본다. 암 때문에 이 병원에 다니고 있어서 어차피 와야 하는데 왜 동네 병원을 가야 하느냐고 섭섭해한다. 그런 뜻이 아닌데 내가 진료를 보기 싫어하는 거라고 오해를 하나 싶어서 그냥 오시라고 한다. 그런데 그런 분이 너무 많다. 나한테 꼭 진료를 봐야 하는 분들은 진료 예약이 밀릴 수밖에 없다.

김명숙 환자는 오늘 좀 문제가 있다. 며칠 전 입원했다가 퇴원했는데 담당 교수는 두 번밖에 못 봤고 검사 결과도 모른단다. 다른 건 어쩔 수 없어도 뇌 사진 결과만큼은 꼭 알고 싶다고 한다. 눈앞이 캄캄하다. 나는 뇌 MRI 사진은 잘 모른다. 기껏해야 판독 결과만을 볼 뿐인데 뇌하수체 종양을 이런 식으로 판단해서는 안 되고 나는 제대로 판단할 능력이 없다. 그건 내분비 내과 교수에게 물어봐야 한다고 하니 오늘 진료였는데 환자가 너무 많고 다른 이야기를 듣다가 못 물어봤다 한다. 나는 혀를 찬다.

언뜻 보아서 몇년 전에 비해 별 변화는 없는 것 같다. 그런데 정말 괜찮다고 해서 돌려보내도 되는 것인지는 판단이 안 선다. 화가 나기 시작한다. 입원까지 시켜놓고 설명도 안 해줄 검사를 왜 했나 하는 이유에서이다. 진료 시간을 넉넉히 잡는 나는 이런 일이 있을 때마다 다른 과에서 일어난 일을 설명할 덤터기를 쓰면서 욕받이 역할을 맡기도 한다. 힘들고 속상하지만 한편으로는 그래도 환자들이 나한테라도 말을 할 수 있어서 다행이라는 생각도 한다. 환자에게 설명을 해주었는데 납득을 한 건지 잘 모르겠으나 일단 상황은 정리한다. 진료가 늘어지기 시작한다. 그다음 환자는 전광판에 자신의 이름이 다음 순서라고 올라간 후 한참을 더 기다렸다. 화가 난 눈치이다.

나도 화가 나기 시작한다. 환자 한 사람에게 주어지는 진료 시간이 15분 정도라면 그래도 면할 수 있는 상황인데 지금의 현실에서는 요원하다. 얼마 전 시작한 심층 진료는 신환(나에게 처음 진료를 보는 환자) 진료 시간을 15분으로 정해서 획기적인 제도라고 선전을 하지만, 신환은 15분으로도 어려운 환자가 많다. 부족한 진료 시간을 땜질하는 것은 아무 생각 없이 내는 검사들이다. 그렇게 안 하고 제대로 진료를 하겠다는 사람은 환자 처리가 답답하고 돈도 못 버는 무능력자로 낙인찍는 것이 요즘의 현실이다. 이런 현실이 계속되는 한, 그리고 이런 현실에 잘 적응하는 의사들만 살아남는 한 나는 나이가 들어서는 병에 걸려도 병원에 가지 말아야겠다는 마음이 든다.


## 기술 중독과 인간 소외

내가 거의 매일같이 겪는 앞의 사례는 우리나라 의료 현장의 문제점을 압축적으로 보여주고 있다. 물론 우리나라의 의료 시스템은 엄청난 효율을 자랑한다. 세계 어느 나라에서도 우리나라처럼 환자들이 쉽고 빠르게 전문의를 만날 수 있는 곳은 없다. 기술적인 면도 세계 최고 수준이다. 가장 놀라운 것은 이 모든 성과가 매우 낮은 비용으로 이루어졌다는 점이다. 그러나 어제 좋았던 시스템이 급변하는 세상에서 내일도 좋으리라는 보장은 없다.

　우리나라 의료는 중병에 걸려 있다. 그 병의 이름은 '인간 소외'이다. 병은 이미 오래전부터 시작되었는데 알아차리지 못하는 사이에 시나브로 심각한 상태에 이르렀다. 의사들은 환자들과 눈을 맞추지도, 환자들의 이야기를 제대로 들어주지도 않는다. 병원 시스템이 그렇게 돌아가고 있기 때문이다.

병원은 한 사람의 의사가 진료하기에는 터무니없이 많은 환자를 보게 하고 수가가 낮기 때문에 그래야만 정상적으로 병원이 경영된다고 의사들에게 압력을 넣는다. 환자의 말을 한마디라도 더 듣고 환자의 문제를 조금이라도 더 생각하는 의사들의 입지는 점점 좁아진다. 환자를 장기별로 분리해서 보는 전문화의 추세 속에 전인적인 진료는 멀어져가고 그 과정에서 의사도 매우 한정된 의료 행위만 할 수 있는 기계의 부속품과 같은 존재가 된다. 그것은 해리 브레이버맨Harry Braverman이 『노동과 독점 자본』에서 기술한, 자본이 직공의 '구상' 능력을 빼앗고 '실행' 능력만 남김으로써 직공을 무력화시키는 과정과도 흡사하다. 우리나라의 의료는 일찌감치 별다른 저항도 못하고 자본에 포섭되었다. 국가가 의료의 공영성에 대한 의무를 내팽개친 결과이다.

진료에 할애해야 할 시간이 점점 줄어들면서 의사-환자 관계는 무너져간다. 의사를 대상으로 가져야 할 신뢰가 사라진 자리에 첨단 과학으로 무장한 다양한 기계와 시설이 들어오고, 이제 환자는 의사를 보고 병원에 가는 것이 아니라 병원을 보고 의사를 고른다. 이미 '기술 중독'을 넘어서 '기술 폭식'의 시대가 된 현대 사회의 모습은 병원에서 가장 잘 드러난다. 그러나 팬데믹 초기에 첨단 의료를 자랑하는 우리나라는 고작 하루 1000명의 환자 발생에도 의료 붕괴를 걱정해야 했다.

현대 의학의 문제점을 비판하는 많은 책이 있다. 이 책에서는 환자에게 실질적으로 이익이 되는지 제대로 증명되지 않았지만, 첨단 기술이라는 이름으로 우리에게 홍보되는 행위들을 중심으로 이야기해보려고 한다. 이는 지금 우리나라에서 병원을 찾는 사람들이 절실히 느끼는 문제점과 맞닿아 있고 날이 갈수록 심화되고 있다. 자본 증식에 초점을 맞춘 유해한 무한 경쟁이 의사들의 전문성을 침해하는 실례들도 살펴본다. 하지만 일방적이고 평면적인 비난은 지양하고 문제의 배경에서 작동하는 메커니즘을 큰 틀에서 이해해보려 한다. 현실을 입체적으로 볼 수 있게 된다면 가장 큰 책임을 가진 주체가 보이고 문제 해결에 가까이 갈 수 있을 것이다.

이 책은 가고 싶지 않아도 병원에 갈 수 밖에 없는 환자들, 그리고 그들과 지금보다는 더 바람직한 의사-환자 관계를 이루어야 할 젊은 의사들을 위해 쓰였다. 책에 나오는 많은 내용은 비판과 논쟁의 여지가 차고 넘치지만, 이런 논의를 통해 조금 더 나은 내일의 의료를 함께 구상해볼 수 있는 계기가 된다면 책을 집필한 의미는 있을 것 같다.

검사 공화국 대한민국

사람들에게 해석이 필요 없는 정보를

잔뜩 집어넣거나 속이 꽉 찼다고 느끼도록 사실을 주입시켜야 해.

새로 얻은 정보 때문에 훌륭해졌다고 느끼도록 말이야.

그러고 나면 사람들은 자기가 생각하고 있다고 느끼게 되고

움직이지 않고도 운동감을 느끼게 되겠지.

그리고 행복해지는 거야.

— 레이 브래드버리, 『화씨 451』

# 검사, 더 많은 검사

그눔의 검사,
다 해봤자예유

내가 내과 병동에서 레지던트 트레이닝을 받은 시기는 1990년
대 초반이었다. 20대의 경도 정신지체 환자인 박경화 씨가 기
운을 못 차린다는 이유로 입원했다. 기본 검사들을 해보았지
만 이상은 찾을 수 없었다. 밥도 평소 먹는 양의 절반밖에 못 먹
었지만 그래도 엄마를 도와 집안일은 하는 정도였는데, 이제는
그마저 할 수 없어 조금만 몸을 움직이면 힘들다고 누워서 지
낸다고 했다. 그렇다고 우울증이나 정신건강의학적인 문제가
있는 것도 아니었다. 경화 씨는 회진을 들어가면 항상 벌떡 일
어나 앉았고 언제나 방글방글 웃는 얼굴이었다.

그렇게 2주 가까이 여러 검사를 해도 원인을 못 찾는 답답

한 시간이 흐른 끝에 환자는 새로 병동 주치의가 된 나에게 인계되었다. 병동 인계를 받는 날은 환자를 파악하느라 밤 늦게까지 병동에 앉아서 의무 기록을 검토해야 한다. 그날도 밤 12시까지 병동에 앉아 있는데 박경화 씨의 어머니가 심야의 병동에서 나를 보고 담당 간호사에게 "새로 오신 선생님이 저리 열심히 환자를 연구하시네유" 하며 말을 거는 것이 들렸다. 내게 직접 하는 말도 아니어서 일단 한 귀로 흘리고 계속 의무 기록을 검토했다. 다음 날 아침 회진 때 야단맞는 것을 면할 정도가 되어 당직실로 들어간 때는 1시를 훨씬 넘은 시간이었다. 박경화 씨 외에도 파악할 환자가 18명이나 더 있었는데 박경화 씨의 경우 전임 레지던트가 "답을 못 냈으니 정밀 검사를 더 해봐야 할 거"라는 말만 했었다. 하지만 이렇게 대학 병원에 와서 2주 정도 검사를 마치고도 답이 안 나오는 경우 그 후에 답을 찾을 가능성은 매우 떨어진다.

사실 병동에는 박경화 씨보다 훨씬 중한 환자가 많았다. 고열이 나다가 갑자기 호흡 정지가 와서 중환자실로 급히 이송해야 하는 환자도 있었고 항암 치료 부작용으로 패혈증이 생겨서 생체 징후가 위태로운 환자도 있었다. 응급실에서 병동으로 계속 위중한 환자들이 유입되고 있었다. 박경화 씨처럼 해볼 검사 다 하고 답이 안 나오는데 그렇다고 당장 위태로운 상황은 아닌 경우 어쩔 수 없이 우선순위가 뒤로 밀릴 수밖에 없었다. 그렇게 박경화 씨를 인계받고 며칠이 지나자 어머니가 면담을 하자 했다.

"선생님, 우리 딸은 뭐 원인이 좀 밝혀졌남유?"

"그게, 기본적인 검사에서는 아무런 이상이 없네요. 내일 근육 질환을 찾아보는 검사가 예약되어 있어요."

"아, 그런가유?"

어머니는 마치 진단을 받고 치료제도 받은 것처럼 밝은 얼굴로 물러났다. 결과는 또 아무 이상이 없었다. 결과가 정상이라는 나의 설명을 환자의 어머니는 희색 반 실망 반인 표정으로 받아들였다. 그렇게 또 검사들이 한 순번 돌아갔다. 신경 검사, 내분비 검사, 면역 검사. 어떤 검사는 입원 당시에 비해서 변화가 있을지도 모른다는 생각에 반복하기도 했다. 그 지루한 과정과 검사들 끝에도 아무런 이상이 없었다는 나의 무기력한 말을 참던 어머니가 어느 날 밤 약간 술에 취한 모습으로 병동에 나타났다. 내가 인계를 받은 지 열흘이 지난 시점이었다.

"우리 딸 그냥 내일 퇴원 시킬려유."

"아니, 지금 집에 가면 아무런 답도 없이 가는 건데요. 뭐라도 좀 좋아져야 가지요."

"아니유. 이런 좋은 병원에서 한 달이나 있었는데 좋아지지 않으면 집에 가야지유."

"아직 조금 더 검사도 해봐야 하고요."

"그눔의 검사, 다 해봤자예유."

어머니 말이 백번 맞았다. 진단을 내리지 못한다는 이유로 의사는 쓰잘 데 없는 검사만 남발하고 있었다. 나는 더 이상 말을 잇지 못했다.

박경화 씨는 이틀 후 여전히 해맑은 표정으로 절룩거리며 퇴원했다. 검사가 딸의 문제를 해결해주지 못한다는, 그 당연한 말을 할 용기를 내기 위해 잘하지도 못하는 술까지 마시고 젊은 전공의 앞에서 어렵게 말을 꺼내던 그 어머니의 얼굴이 지금까지 떠오른다.


## 의사가 무슨 필요?

최근 코로나19 사태에서 보듯 미생물 진단 검사는 비단 개별 환자를 진단하는 데 그치지 않고, 한 나라의 사회 질서 유지와 세계적인 경제 활동 수준까지 결정하는 힘을 발휘했다. 일반적인 감기 증상과 구별이 안 되는 코로나바이러스 감염이다 보니 기본적인 문진과 진찰만으로는 정확한 진단을 내릴 수가 없기 때문이다. 현대 의학에서 검사의 영향력은 비단 전염병에 국한되지 않는다. 암, 면역질환, 대사질환 등 다양한 질환의 진단에서 검사실 검사는 결정적인 역할을 한다. 이쯤 되면 의사의 역할을 자문하지 않을 수 없다.

"검사만 하면 진단이 되는데 의사가 무슨 필요?"

한 환자에 긴 시간을 할애할 수 없는 우리나라의 진료실에서는 환자가 타병원의 과거 진료 기록을 가져오는 경우 담당 의사에게는 고역이 된다. 가뜩이나 부족한 시간을 쪼개서 병력 청취와 진찰을 하는 것에 더해서 두꺼운 외부 병원 기록을 들

취보아야 하기 때문이다. 대부분의 대학 병원에서는 외부 병원 기록은 거들떠보지도 않고 이런 말을 듣는 것으로 끝난다.

"어차피 검사 다시 해야 해요."

이렇게 해서 중복 검사로 낭비되는 재원은 거의 천문학적 인 수준이다. 적절한 진료 시간을 보장해주지 않는 제도가 낳 은 현실이다. 가끔 외국에서 거주하는 환자가 진료를 보러 오 는 경우도 있다. 의료 선진국이라 알고 있는 호주 환자들의 경 우, 의사는 아예 만나지도 못한 채 각종 검사만 한 보따리 해서 들고 오는 경우가 많다. 하도 이상해서 물어보니 호주에서 전 문의를 만나려면 너무 시간이 많이 걸려서 일단 검사만 해놓고 기다리는 것이 관행이란다. 요령이 좋은 사람은 검사를 다 하 고 한국으로 들어와서 전문의에게 진료를 받는다.

이렇게 진료도 안 보고 검사부터 내는 경우 당연히 황당한 일이 많이 생긴다. 호주에서 수개월간 관절이 아팠던 환자는 제대로 된 진료는 받지도 못하고 경악스러운 양과 질의 검사를 받아서 왔다. 의사 소견서 한 장 없이 수십 장이 넘는, 할 필요 도 없던 검사 소견서들을 넘기다 보니 혈압이 솟구칠 것 같았 다. 그중에서 필요한 검사 항목들을 간신히 찾아냈는데, 그나 마 이런 경우에 꼭 실시해야 하는 검사는 빠져 있었다.

불필요한 검사로 인한 의료 재원의 낭비는 아직까지 정책 적으로 제대로 다루어진 적이 없는 영역이다. 많은 환자가 도 대체 병원에 가면 검사 말고 하는 게 뭐냐는 불만을 토로한 지 오래된 것을 감안하면 희한한 일이라고 생각한다. 자기공명영상(MRI)과 같은 고가 검사는 여러 건 찍으면 경제적 부담이 바로 체감되기 때문에 쉽게 논란을 불러일으키지만, 건당 수가가 그다지 높지 않은 검사실 검사들은 가랑비에 옷이 다 젖듯, 보일 듯 말 듯 의료 재정을 좀먹는다. 내 전문 영역에서의 예를 살피면 '항핵 항체 검사'가 그런 경우이다.

## 검사 셔틀

항핵 항체 검사는 희귀난치질환인 자가면역질환의 선별 검사인데, 선별 검사란 의심 증상을 가지고 있는 환자가 정말 그 질환을 가지고 있는지를 진단하기 위해 굵은 체로 거르듯 걸러낼 수 있는 검사를 의미한다. 선별 검사는 환자를 놓치지 말아야 한다는 조건을 충족해야 하는 만큼 환자라면 대부분 양성 반응을 보여야 하고 이것을 전문 용어로 민감도가 높은 검사라고 한다. 이상적인 선별 검사는 진짜 환자 100명에게서 모두 양성 반응이 나오는 것으로 민감도가 100퍼센트가 된다. (하지만 실제로 그런 경우는 거의 없다.) 항핵 항체의 경우는 환자 100명 중 95명 정도는 양성 반응을 보이기 때문에 민감도가 높은 (95퍼센트) 검사에 속한다. 물론 일부 환자에서는 양성 반응이 나오지 않아 놓치는 경우도 있다.

그러나 이 검사에서 양성 반응을 보이는 사람이 모두 환자라는 의미는 아니다. 이상적인 검사는 환자가 아닌 사람도 잘

걸러낼 수 있어야 하는데, 이렇게 환자가 아닌 사람에서는 음성으로 나오는 특성을 특이도라고 부른다. 환자가 아닌 사람이 100명이 있다면 이들 중 아무에게서도 양성 반응이 나오지 않으면 특이도가 높은 검사이다. 특이도가 50퍼센트라면 환자가 아닌 사람 100명 중 50명은 검사에서 양성 소견을 보이는데 오진과 불필요한 추가 검사들로 이어질 수 있다. 많은 검사에서 민감도와 특이도는 역의 상관관계를 보인다. 즉 환자를 많이 잡아내는 검사는 멀쩡한 사람을 환자로 만들 가능성도 높다. 그렇기 때문에 검사는 환자가 해당 질환을 가질 가능성이 있는지를 잘 살펴보고 시행할 때에만 가치가 있다.

앞서 언급한 항핵 항체는 대학 병원에서 의심 증상이 있어서 시행한 경우에도 양성 환자의 6.5퍼센트에서만 자가면역질환으로 최종 진단이 된다.[1] 전체 검사 양성률이 14.4퍼센트임을 감안하면 검사를 시행한 전체 환자 가운데 실제로 자가면역질환 진단을 받은 환자는 1퍼센트 정도에 지나지 않는다. 대학 병원에서조차 이러하다면 모든 병원을 따졌을 때 성적은 훨씬 낮을 것이다. 질환을 의심할 소견이 없는 환자에서 검사가 시행되는 일이 흔하기 때문이다. 증상과 무관하게 일반인에게 마구잡이로 검사를 시행하는 경우 (기관총 쏘듯 검사를 한다 해서 산탄 검사라고 표현한다) 아마도 99퍼센트는 병이 없는데 검사만 양성일 것으로 추정된다. 검사 특이도는 이처럼 검사 대상을 어떻게 잡느냐에 따라 0에 가까워질 수 있다.

이렇게 해서 항핵 항체가 양성으로 나온 사람은 경우에 따라 수십 가지에 달하는 추가 검사를 시행하고 면역질환이 없는지를 확인하게 된다. 사람의 몸에서 혈액을 뽑아 여러 가지 검사를 하면 그날 몸 상태에 따라 뭔가가 정상 범위를 벗어난 수치를 보이는 일은 매우 흔하다. 그 때문에 새로운 이상이 발견되고 이번에는 그 이상의 원인이 무엇인지 보는 추가 검사가 뒤따른다. 거의 '검사 셔틀' 수준이다. 검사가 늘수록 문제가 해결이 되는 것이 아니라 애당초 검사를 안 했다면 할 필요도 없는(어쩌면 다음 날 다시 검사를 해보면 없어졌을 수도 있는 이상 반응일 수도 있다) 걱정이 늘어만 간다.

이런 경향이 우리나라만의 문제는 물론 아니어서 2018년 『영국 의학 저널』British Medical Journal의 보고에 의하면 2000년에서 2015년 사이 영국 국민들을 대상으로 시행된 검사의 빈도는, 고령자 수의 증가에 의한 경향을 보정하더라도 해마다 8.5퍼센트씩 가파르게 상승했다. 2000년도에 1인당 1.27건에서 2015년 4.92건으로 15년 사이 3.3배 증가한 것이다.[2] 논문의 저자인 옥스퍼드대학 잭 오설리번Jack W. O'Sullivan 박사는 과잉 검사에 의한 의료 자원의 고갈을 막기 위해 정책적인 대책을 촉구했다.

가장 극단적인 예가 임종 과정에 있는 사람에게 내는 검사 수이다.[3] 나는 과거 10년간 병원 입원 후 1주일 안에 사망한 사람들의 검사 수가 어떻게 변화하는지를 분석했다. 놀랍지 않게도 10년간 사망 직전에 시행하는 검사 수는 지속적으로 증가하고 있었다. 환자의 치료 결과는 10년 전이나 지금이나 1주일 후

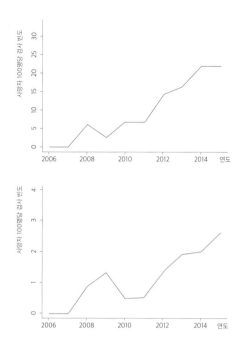

〈그림 1.1〉 사망 1주일 전에 시행한 갑상선 검사(위)와 류마티스 인자 검사(아래)의
10년간 증가 추세. 검사를 시행한 환자들의 결과는 1주일 이내 사망으로 동일하다.

사망함으로 동일했다는 것을 감안하면 검사로 인한 의료비 낭
비가 심화되는 현실이 보인다.

# 죽음 비즈니스

## 종교가 된 의료

미술 문외한도 쉽게 그림들을 보고 즐길 수 있도록 저술한 양정무 교수의 베스트셀러 『난생 처음 한번 공부하는 미술 이야기』에서는 천년 제국 로마가 변방의 종교 기독교에 포섭된 이유를 로마 시대에는 죽음에 대한 철학이 존재하지 않았기 때문이라고 분석한다. 공화제 시기 로마인들은 현세 가치관에 치우쳐 내세에 별 관심이 없었고 죽음에 대한 철학이나 종교도 없었다. 그러다가 갑자기 죽음을 맞닥뜨렸을 때 느끼는 허망함과 당혹감이 로마인들의 혼란스러운 무덤 건축에 고스란히 드러난다고 한다. 평생에 걸쳐 피라미드를 만들며 죽음을 준비한 이집트인들과는 대조적인 모습이다. 기독교는 사후의 구원과 천국을 설파하며 그런 로마인들을 사로잡았다.

죽음은 인간에게 일어나는 가장 큰 사건이다. 한 인간이 잘 살았는지는 그가 어떻게 죽는지에 따라 결정된다고 해도 과언이 아닌데, 우리는 젊은 시절 영민하고 많은 업적을 남긴 이들이 나이 들면서 추한 욕심에 사로잡혀 잘못된 판단을 내린 끝에 젊은 시절의 공덕을 모두 까먹고 가는 일을 숱하게 본다. 그런데 현대 의학은 인간의 삶에서 죽음을 아예 지워버렸고, 인간은 이제 죽음을 거의 생각하지 않는다. 그 결과 자신에게 주어진 삶이 다 끝나가도 그것을 인정하지 않고 병원에 가면 해결책이 있을 것이라 굳게 믿게 되었고, 점점 더 죽음을 준비하지 않게 되었다. 죽음은 이제 삶과는 대척점에 서 있는, 피할 수 있으며 피해야만 하는 재앙이 되어버렸다. 죽음에 대한 철학이 없어진 현대인들을 포섭한 신흥 종교는 의료 산업이다. 병원은 신전이고 교리는 자본주의이다.

나의 전공인 류마티스 내과에서 가장 많이 보는 환자는 역시 류마티스 관절염 환자이다. 내가 처음 의사 생활을 시작하던 1990년대만 해도 류마티스 관절염은 치료도 잘 안 되고 불구가 되는 병으로 되어 있었다. 물론 병원을 찾는 환자들도 한참 동안 병을 묵히다가 결국 관절 변형이 다 진행되어 약을 써도 속수무책인 상태로 방문하는 경우가 많았다. 그랬던 것이 1990년대 말부터 완전히 상황이 달라졌다. 기존 류마티스 관절염의 치료약들은 항생제나 항암제를 시험 삼아 마구잡이로 써보다가, 그야말로 소 뒷걸음질 치다가 쥐 잡는 격으로 효과가 있는 약을 찾는 식이었다. 그러다가 분자생물학이 발달함에 따라 류마티스 관절염의 염증 원인 물질들을 찾아내고, 이들을 하나하나 정밀하게 차단하는 방식의 치료제가 개발되면서 완전히 게임이 바뀌게 되었다.

이제 류마티스 관절염을 제대로 치료할 수 있겠다는 자신감이 생긴 의사들은 기회만 되면 매스컴에 나와서 '조기 진단'의 중요성을 강조했고 제때 치료를 하지 못해서 손발이 흉하게 일그러진 환자들의 사진을 보여주면서 사람들의 경각심을 일깨웠다. 그런 방송을 지켜보던 전국의 많은 시청자는 설거지를 하다가 혹은 손빨래를 하다가 쑤셔오는 손마디를 만지면서 "나도 혹시 류마티스 관절염이 아닐까?" 하는 불안감을 가지기 시작했다. 그로부터 20여 년이 지난 지금 대학 병원 류마티스 내과는 며칠 전부터 손이 아프다는 환자들로 문전성시를 이룬다. 환자들은 이구동성으로 "나도 류마티스 관절염 아니냐, 빨리 치료를 하지 않으면 큰일 나는 것 아니냐" 하고 조바심친다.

진찰해보면 나이가 듦에 따라 흔히 발생하는 문제인 퇴행성 관절염일 뿐이고 굳이 약을 먹거나 치료를 하지 않고 두고 보아도 상관없는데, 그렇게 말하면 불안해서 꼭 검사를 해달라고 하는 환자가 많다. 류마티스 관절염 검사 결과가 설령 양성으로 나와도 이런 경우에는 임상적 소견이 걸맞지 않기 때문에 진단을 내릴 수 있는 건 아니고 따라서 검사의 의미가 없다는 설명을 하는데, 이러다 보면 환자 대기 시간만 길어지고 맥이 빠진다. 차라리 기본적인 관절염 검사를 다 해버리면 나도 편하고 돈도 훨씬 많이 버는데 내가 뭐하고 있는 건가 하는 자괴감이 들 때도 많다. 그러나 사회가 내게 교수라는 신분을 부여한 데 따른 최소한의 소명 의식이 무엇인지를 상기하며, 오늘도 제대로 된 진료를 마구잡이 검사로 갈음하려는 충동을 가까스로 억제한다.

## 병을 만드는 검사들

여기에 건강검진에 포함된 류마티스 인자 검사의 문제가 더해진다. 류마티스 인자는 류마티스 관절염 환자의 70퍼센트 정도에서 양성 반응을 나타내고 양성인 경우 음성인 경우보다 좀 더 심한 경과를 밟는 것으로 알려져 있다. 그러나 병이 없는데 양성 반응이 나오는 경우가 매우 많다. 앞에서 언급된 특이도가 높지 않은 검사에 해당되며 이것을 전문 용어로는 위양성률(가짜 양성 반응률)이 높다고도 표현을 한다. 나이가 많거나 바이러스 감염이 있거나 예방 접종을 했거나, 심지어 아무 이유도 없이 양성 반응이 나올 수 있다.

아예 검사를 안 하고 양성이라는 것을 몰랐다면 설명하고 돌려보내기가 쉬운데 이렇게 다른 곳에서 실시한 검사 결과를 들이대며 "왜 내가 류마티스 관절염이 아닌지 설명을 해달라"라고 하면 의사는 입장이 난처해진다. "류마티스 관절염 진단은 진찰 소견이 제일 중요한 것이지 검사는 참고 소견일 뿐입니다"라고 애써 설명해도 이미 전문가의 소견보다 검사가 더 정확한 것이라는 생각이 팽배한 현실에서 설득이 쉽지는 않다.

도대체 왜 쓸데없는 검사를 해서 근심 걱정을 만드는지 도무지 이해할 수 없지만 "아프면 다시 오셔서 그때 검사를 해도 늦지 않다"라며 석연치 않은 표정의 환자를 설득해본다. 혹시라도 "진단을 놓쳤다"라는 원망을 들을까 봐 "이러이러한 증상이 생기면 그때는 꼭 오셔야 한다"라는 말을 덧붙이면서, 언제부터 의료가 책임 모면의 일이 되어버렸는지 혼자 조그맣게 한숨을 쉰다. 앞에 언급한 대로 류마티스 인자 검사는 환자의 70퍼센트 정도에서만 양성 반응을 보인다. 즉 민감도 70퍼센트의 검사이다. 뒤집어 말하면 류마티스 관절염 환자임에도 30퍼센트에서는 류마티스 인자가 검출되지 않는다. 검사가 양성이어도 음성이어도 그것만으로는 진단을 할 수 없는, 남용되어서는 안 되고 수진자의 증상이나 상태를 확인하지 않는 건강검진 같은 것에 끼워 넣어서도 안 되는 검사이다.

수많은 방송의 건강 프로그램은 하나같이 빨리 질병을 찾아내서 해결을 해야 한다며 보는 이들의 등을 떠밀고 있다. 그런 프로그램을 보고 있노라면 어제 먹은 음식이 소화가 안 되어도 이게 혹시 위암이 아닐까, 며칠간 잠이 부족해 머리가 아파도 이게 혹시 뇌종양이 아닐까 같은 온갖 불안한 생각이 떠나지를 않는다. 이런 불안한 마음을 파고드는 것이 조기 진단과 조기 치료를 통해 건강을 약속하는 각종 건강검진 프로그램들이다.

국가에서 제공하는 국민건강보험 건강검진 프로그램부

터 각급 병원들에서 제공하는 패키지 프로그램들까지 건강검진의 종류는 매우 많다. 건강에 별로 신경을 쓰지 않는 사람이라도 국민건강보험공단에서 정기적으로 보내는 일반건강검진 대상자 안내문은 받아보았을 것이다. 여기에 포함되는 검진들은 가장 기본적인 검사에 속하고 제때 시행하지 않는 경우 과태료까지 내야 한다. 이런 기본 검사조차 하지 않는 사람들이 있는가 하면 그 반대편에는 고가의 건강검진을 받고 건강을 확인하고 싶은 사람들이 있다.


## 가짜병과 공포 마케팅

고가의 검사들을 묶어서 판매하는 '검진 프로그램'이 대형 병원들의 수익을 보장하는 여러 의미의 효도(병원에 대한, 그리고 검진받는 부모님에 대한) 상품으로 자리 잡은 지는 오래이다. 건강증진센터라는 이름으로 병원의 다른 시설들과는 별도로 운영되는 이곳에 들어서면, 호텔을 방불케 하는 시설을 보며 우리나라가 영리병원을 허락하지 않는 나라라는 사실을 의심하게 된다. 그곳에서 받는 모든 서비스는 의사의 진료까지 포함해, 철저히 내는 돈에 따라 그 수준이 정해진다. 국립대학 병원인 서울대학교 병원은 2003년도에 강남의 스타타워에 초호화 시설인 강남센터를 도입했고, 어느 병원보다도 앞장서서 서울대학교 병원의 이름값을 내세워 교수들의 진료를 서비스로 묶어

초고가 검진 프로그램을 개발했다.

고가 건강검진은 원래 일본에서 '닌겐도크'人間ドック(人間 +Dock의 합성어)로 시작했다. 일본의 닌겐도크는 이미 50년 전에 학회까지 창설되어 성업 중이고 우리나라와 같이 질병의 조기 진단, 조기 치료를 기치로 운영이 된다. 일본의 현직 의사 마쓰모토 미쓰마사松本 光正는 『건강검진의 거짓말』이라는 책에서 "건강검진을 받은 사람이 더 단명한다"라는 파격적인 주장을 했다. 그는 책에서 건강검진에 포함되는 다양한 혈액 검사, 방사선 검사, 내시경, 초음파 검사, 암 검진은 물론 혈압 측정이나 체중 측정 같은 상식이 된 항목까지도 조목조목 분석하고 득과 실을 이야기한다. 책에 나오는 주장이 모두 정확하고 반박의 여지가 없는 것은 아니지만 다음의 기술은 염두에 두어야 한다.[4]

검사 기기가 발달하면서 지금까지 보이지 않았던 많은 것들을 볼 수 있게 되었다. 그런데 이것을 이상 증상으로 취급할지 여부에 대해서는 아직 결론이 나지 않은 상태에서 건강검진이 실행되고 있는 것이 현실이다. 그래서 부정적인 사고방식으로 생각하면, 검사를 받음으로써 오히려 걱정과 불안이 커지고 말았다.

길버트 웰치Gilbert Welch 교수는 『과잉 진단』이라는 저서에서 인체에서 발견되는 이상의 정의를 자연의 복잡계 이론을 적용하여 설명하고 있다. 예를 들어 "목포 앞바다에는 몇 개의 섬이 있는가?"라는 질문을 했다고 해보자. 이때 섬의 정의를 인위적으로 내리지 않는 한 "모른다"가 답이다. 축척을 늘려서 들여다보면 낮은 배율에서는 보이지 않았던 무수한 섬들이 새롭게 나타나기 때문이다. 그렇다면 어떤 기준으로 섬을 정의하는 것이 가장 정확한가? 알 수 없다. 이 논리는 복잡계의 최고봉인 인체에도 적용된다. 인체에서는 매일같이 이상 세포들이 생겼다가 없어지기를 반복한다. 따라서 검사의 정밀도가 높아질수록, 검사를 자주 할수록 의미 없는 이상 소견은 늘어난다.

이미 큰 논란이 된 갑상선암을 예로 들어보자. 지난 10여 년간 우리나라의 갑상선암 광풍은 최고의 의학 학술지 『뉴 잉글랜드 의료 저널』New England journal of medicine에까지 대서특필되는 망신을 당했음에도 아직도 사그라들지 않고 있다. 나는 지금도 환자들에게 기회가 있을 때마다 이유 없이 갑상선에 초음파를 대지 말라는 말을 하지만 역부족이다. 다 알 만한 사람들 중에도 갑상선 초음파 검사 후 이상 소견 발견 → 침생검 → 암세포 검출의 수순을 밟아 갑상선 절제술을 하는 일을 보곤한다. 갑상선암 조기 발견 시스템이 가동되기 전이나 후나 사망률에는 차이가 없다는, 갑상선암은 무병장수하고 사망한 사람의 부검에서 가장 흔히 보는 암이라는, 그래서 어쩌면 발견할 필요가 없는 암이라는 이성적인 생각은 별로 힘을 발휘하지 못한다. 조기 진단에 의한 수술을 담보로 죽음을 피하게 해주겠다는 공포 마케팅의 무서운 위력이다.

예방의학 전문의인 이충원 동강병원 건강관리센터 과장은 2011년 『건강검진, 종합검진 함부로 받지 마라』라는 책에서 우리나라를 '검진 공화국'으로 정의했다. 그는 갑상선암처럼 이름은 암이되 환자가 그 암이 아닌 다른 병으로 사망하는 암을 '가짜병'으로 정의한다. 암뿐이 아니다. 정밀 검사를 통해 심장 동맥 경화를 발견하고 치료를 시작한 사람들은 검사를 하지 않고 지켜본 사람들보다 더 많은 약을 먹고 더 많은 시술을 받지만 생존율에는 차이가 없다. 이충원 과장은 『한겨레 21』과의 인터뷰에서 검진 공화국에서 피해를 최소화할 수 있는 방법을 다음과 같이 제안했다.[5]

첫째, 최신·고가 장비를 동원할수록 좋은 검진이라는 생각을 버리자. 질병에 따른 가장 적합한 검진 방법이 있다. 이는 의사와 상의해서 결정할 문제지, 천편일률적으로 패키지화한 종합검진 상품에서 고를 문제가 아니다.

둘째, 검진 항목이 많다고 무조건 좋은 게 아니다. 자신에게 불필요한 검진을 많이 할수록, 오진과 과도한 진단으로 이어질 확률이 높아진다.

셋째, 내가 걸릴 위험성이 높은 질병이 무엇인지 의사와 함께 평가해보고, 그 목표 질병에 적합한 검사 항목을 선택하자.

넷째, 검진에서 발견한 질병의 일부는 '가짜병'일 수 있다는 가능성을 염두에 둔다. 갑상선암, 전립선암, 유방암, 콩팥암 등은 진단이 과도한 것으로 유명하다. 암은 대개 응급을 요하는 질병이 아니므로 의사와 잘 상의해서 최선의 관리 방법을 결정하도록 한다.

다섯째, 질병 예방을 위해 2차 예방법인 검진에 너무 의존하지 말자. 1차 예방이 최선이다. 식단을 조정하고 규칙적인 운동을 하자. 모든 질병을 예방하는 방법이다.


## 아는 게 병

최소한의 검사로 간주되어 안 하면 벌금까지 내야 하는 국가건강검진은 어떨까? 2019년 코넬대학교 정책분석학과 김현철 교수는 2009년과 2010년 국가건강검진을 받은 수검자 35만여 명을 5년간 추적 조사한 결과 당뇨병의 경우 검진 후 1~2년 동안은 허리둘레나 체질량 지수가 감소했으나 이후에는 그 효과가 사라짐을 보고했다. 당뇨병 합병증을 예방하는 효과도 없었다. 김 교수는 연간 1조 5000억 원 이상을 사용하는, 세계적으로도 가장 대규모에 속하는 한국 국가 검진 사업의 실효성을 심각하게 의심했다. 단순한 검진·통보와 같은 소극적인 사후관리보다는 더 적극적인 개입이 필요하다는 것이다.[6]

그러나 검진이 모두 진료로 이어지는 경우 또다시 의료 자원 낭비라는 어려운 문제에 봉착하게 된다. 앞에서 언급한 류마티스 인자 검사가 그 대표적인 예이다. 건강검진에서 류마티스 인자 양성 반응이 나왔다는 이유로 나를 찾는 환자 중 실제로 류마티스 관절염 진단을 받는 경우는 열 명 중 한 명도 되지 않는다. 불필요한 검사 비용과 진료비, 병원을 오가는 비용에 운이 없는 경우 2차 검사로 이어지는 결과까지 모두 감안하면 어마어마한 낭비인데, 아무리 류마티스 인자 검사는 건강검진에서 빼야 한다고 주장을 해도 먹히지를 않는다. 검사 결과를 받아들고 환자 아닌 환자가 되면서 받은 심적인 스트레스는 돈으로도 계산이 안 된다.

이충원 과장이 지적한 "의사와 상의해보고 검사"는 우리나라에서는 현실적으로 작동하지 않는다. 공공의료기관들의 대규모 적자에서 보듯 낮은 진찰료 때문에 적정 진료만으로는 병원이 유지되지 않는 것은 기정사실이고, 사립 병원들에서는 그 손실을 검사로 메우는 시스템을 가동한다. 환자를 제대로 진료하고 검사가 필요한지를 판단하는 시간은 뭉텅이로 잘려나가고 인간이 하는 일에 대한 불신이 겹겹이 쌓인 틈을 첨단 기계와 화려한 검사 기기들이 오늘도 꾸준히 비집고 들어오고 있다.


슬기로운 건강검진


최근 100세 철학자로 화제를 모은 연세대학교 김형석 명예교수는 평생 건강검진을 받아본 적이 없다고 해서 주위 사람들을 놀라게 했다. 그의 주변에도 장수한 분들이 많은데 그들의 공통점을 묻자 "재산이나 명예 같은 데 욕심이 없고, 화를 내거나 남을 욕하지 않아요. 감정이 아름다운 분들이라고 할까"라고 답을 했다.[7] 그런 예외적인 경우는 따라가기 쉽지 않을 터이니 내 개인적인 이야기로 정리해보려 한다.

병원에서 생활하면서 질환을 놓쳐서 겪은 수많은 불행을 보아왔다. 정말 조금만 신경을 썼더라면 비극을 피해볼 수 있었을 텐데 하는 안타까운 마음을 가져본 일도 많다. 그런데 나이를 먹으면서는 "그것이 아마도 그 환자의 운명이었을 것이다"라는 생각을 하는 일이 더 많아지는 것 같다.

나도 40세를 넘겨서는 위 내시경 검사는 몇년에 한 번 정도 정기적으로 한다. 50세를 넘기고는 대장 내시경을 해야 한다고 되어 있는데 그 과정이 너무 싫어서 차일피일 미루고 있었다. 하지만 조금 배변이 불규칙해지거나 배가 이유 없이 아플 때에는 '혹시' 하는 불안감이 있어서 결국 만 52세 때 처음으로 대장 내시경 검사를 했다. 남들 앞에서 의식 잃는 것을 극도로 싫어하기 때문에 위 내시경은 물론이고 대장 내시경도 수면 내시경이 아닌 일반 내시경으로 했고 카메라가 장 속을 훑고 지나가는 것을 두 눈 뜨고 지켜보았다. 다행히 아무 이상이 없었다. 채식주의자에 가까운 남편이 가끔 내가 고기를 먹으면 "육식동물", "맹수"라고 놀리는 통에 혹시 장에 고기를 많이 먹은 흔적(용종 내지는 대장암 전기 증상 등)이 있지 않을까 걱정하고 있었는데 검사를 한 후 조금 분하기도 했다.

골다공증 검사도 대장 내시경과 같은 시기에 시행했는데 골밀도가 젊은 사람과 차이가 없어서 생각나면 몇년 간격으로 하려고 한다. 툭하면 뼈가 부러지는 환자들을 많이 보아온 터여서 칼슘이라도 먹어야 하나 걱정하고 있었는데 당분간은 그럴 필요가 없다는 것을 알게 되어 득이 되었다. 복부 초음파 검사도 아무 이상이 없어서 언제 다시 할까 차일피일 미루다가 얼마 전에 다시 시행했고 역시 아무 이상이 없었다. 초음파를 봐주신 교수께서 초음파로는 잘 보이지도 않는 췌장을 보느라 애를 많이 써서 "저는 췌장암은 팔자라 생각하니 보이지도 않는 데 너무 애쓰시지 않아도 됩니다" 하고 말씀드렸다. 유방암 검사는 가족력이 있어서, 그리고 치료 시기를 놓치면 쉽게 죽지도 않으면서 환자가 아주 엉망이 될 수 있기 때문에 하긴 해야 하는데 하기가 싫다. 올해는 해봐야 할 것 같다.

조기 진단이 확실히 생명 연장에 효과가 있다고 알려져 있는 위암과 대장암, 그리고 미리 손을 쓰지 않으면 신체 기능과 삶의 질을 크게 떨어뜨릴 수 있는 질환을 위주로 검사를 하다 보니 어느 병원에서 제공하는 건강검진 프로그램도 내가 시행할 검사 목록과는 들어맞지 않는다. 그냥 내가 자체적으로 그때그때 한다. 그리고 멀지 않은 어느 시점, 아마도 내가 이제 인생을 충분히 살고 잘 살았다고 생각되는 시간이 되면 지금 하고 있는 항목들도 중단해나갈 예정이다.

# 유전자 보난자

나는 네가

어떻게 죽을지 알고 있어

2021년 공개된 영화 〈돈 룩 업〉Don't look up에서 인상적인 장면이 있었다. 테크 기업 벡사의 총수가 주인공에게 "나는 네가 혼자 외롭게 죽을 거라는 것도 알고 있어"라고 말하는 대목이다. 주인공의 디지털 족적을 분석하고 나온 결과인데, 인공지능artificial intelligence, AI이 각광받기 시작한 것은 이처럼 인간의 능력으로는 다룰 수 없는 규모의 빅데이터를 처리하는 능력 때문이다. AI는 빅데이터를 분석해서 각양각색으로 이용하는데 의료에서 가장 주목을 받는 것은 유전자 검사 데이터이다.

아이슬란드의 신경과 의사 출신인 카리 스테판슨Kari Stefansson은 1996년에 아이슬란드인의 유전자 데이터를 기반으로 다양한 질환의 신약 개발을 목적으로 디코드(deCODE)를 창립하면서 유전자 연구의 선구자가 되었다. 그는 아이슬란드 정부의 지원하에 심혈관 질환, 암, 조현병 등의 유발 유전자를 발견한 것으로 명성을 높였지만, 이 과정에서 국회에 로비를 해서 유전자 정보와 함께 해당 환자의 의무 기록까지 관리할 권한을 얻은 것이 밝혀져 국내외로 많은 비판을 받았다. 수많은 아이슬란드의 작가, 기자, 정치인, 영화감독이 카리 스테판슨을 대마왕으로 묘사하는 소설과 영화, 글을 쏟아냈다.

그럼에도 불구하고 디코드가 확립한 노하우를 다른 국가들이 벤치마킹하게 되었고, 2009년 아이슬란드의 금융 위기 때 디코드가 파산 신청을 하자 미국을 대표하는 바이오테크 기업 암젠이 디코드를 인수해서 그때까지 하던 일을 지속할 수 있도록 자금을 제공했다. 디코드의 시스템을 벤치마킹한 영국의 10만인 유전체 사업100,000 genomes project, 미국의 정밀 의학 사업precision medicine project은 더 큰 규모로 유전체 연구를 진행하고 있다. 카리 스테판슨이 디코드를 운영하는 방식은 미국의 사업가이자 전 뉴욕 시장인 마이클 블룸버그Michael Bloomberg가 설립한 블룸버그 통신의 경제 통합 정보 시스템과 같은 유전자 통합 정보 시스템을 지향하고 있다. 여기에는 미국, 영국은 물론 중국, 프랑스, 아일랜드, 싱가포르, 카타르 등 많은 국가가 동참하고 있다. 디코드는 2019년 6월 미국 유타주의 비영리 의료 기관인 인터마운틴 헬스케어와 협업하여 환자 50만 명의 유전체를 분석하는 헤레디 진 프로젝트를 시작한다고 발표했는데, 이것은 영국의 10만인 유전체 사업보다도 훨씬 크고 단일 유전자 매핑 프로젝트로는 가장 큰 규모이다. 검사를 신청한 사람들은 자신의 유전자를 제공하고 질병 위험에 대한 결과 보고서를 받아볼 수 있다. 디코드 창립자 카리 스테판슨은 이번에도 모든 유전체 사업들에서 했던 약속을 반복했다.

"이번 협력으로 인간을 가장 약하게 만드는 질병들의 표적을 발견함으로써 가장 효율적인 신약을 빠르게 개발할 수 있을 것이다." 이쯤 되면 눈치 챘겠지만 유전체 사업의 키워드는 정확한 표적 발굴을 통한 신약 개발이다. 이에 뒤질세라 영국은 10만인 유전체 사업에서 한걸음 더 나아가 100만인 유전체 사업을 천명하고 대상자를 모집하기로 했다. 영국 정부의 약속도 동일하다.

"더 성공적인 의약품을 생산하기 위해 대규모 유전체 데이터 사용을 필요로 하는 바이오 제약 산업계로부터 더 많은 투자를 유치할 것이다." 영국 정부는 노골적으로 이 사업이 제약 산업으로부터 돈을 끌어모으기 위한 의도라는 것을 드러내고 있다. 거기에 더해 DNA 분석 기술을 기반으로 하는 영국 기업의 발전도 도모한다고 한다. 유전체 정보는 약속처럼 미래에 우리의 건강을 획기적으로 개선할 수 있을까?

## 유전체 사업을
## 반대하는 사람들

사회진보연대는 이명박정부에서 시작한 '다부처 유전체 사업'을 포함한 정부의 빅데이터 사업의 대대적인 개편을 요구하며 여러 가지 문제를 제기했다. 빅데이터 사업에는 유전 정보, 진료 정보, 생활 습관 정보가 포함되는데 건강보험공단과 건강보험 심사평가원에서는 진료 정보를, 질병관리본부와 국립암센터는 유전자 정보를 제공하고 이를 통합한 후 주민등록번호 등 개인 식별 정보를 알아볼 수 없게 처리한 후 공개한다는 내용이다. 사회진보연대는 다음의 다섯 가지 문제를 제기하고 이 정책을 폐기할 것을 요구했다.[8]

첫째, 차별을 강화할 것임. 개인건강정보가 유출되면 민간보험사가 이 정보를 보험 심사에 활용하게 될 것임. 또 개인건강정보는 고용계약에서도 사용될 가능성이 높음.
둘째, 보건의료 빅데이터를 통해 얻은 기술적·경제적 성과는 모두 민간 기업이 특허 같은 방식을 통해 독점함.
셋째, 보건의료 빅데이터는 양이 매우 크고 구조가 복잡해 인공지능을 통해 분석될 가능성이 높음. 이 경우 인공지능 알고리즘이 가지는 불투명성 때문에 의학적 효용성을 검증하기 어려움.
넷째, 질병의 사회적 원인을 배제함. 보건의료 빅데이터에는 직업, 노동 조건, 소득 등 질병의 사회적 원인이 없음.

다섯째, (유전자 정보에 기반한) 정밀의료가 민간보험회사가 노리는 건강관리서비스와 결합되면 건강 불평등을 심화시키는 또 다른 의료민영화로 귀결될 것임.

이 주장을 하나씩 짚어보겠다. 첫째, 개인건강정보가 유출되면 민간보험사가 이 정보를 보험 심사에 활용하거나 회사의 고용계약에서 사용해 차별을 강화할 가능성이 있다는 내용이다. 이는 이미 외국에서는 지속적으로 제기되는 문제이다. 아직까지 의학적으로는 대부분의 유전자 검사가 질병을 예측하는 데 가/부 수준의 명확한 정보를 제공하지 못하는데도, 특정 질병의 위험도를 높이는 유전자를 보유하는 사람의 경우 이를 이유로 차별이 강화될 가능성이 분명히 있다. 그렇기 때문에 미국에서는 유전자 검사 결과를 바탕으로 의료보험의 차별을 두지 않는 법안을 제정했을 정도이다. 유전자는 생활 습관에 의한 질병 위험 요인과 달리 개인이 저항도 못 하고 태어날 때부터 받은 것인데다 교정하고 싶다고 교정할 수도 없는 것이기 때문에 이런 식의 차별은 인종이나 성별에 의한 차별과 같은 급이라 볼 수 있다.

둘째, 보건의료 빅데이터를 통해 얻은 기술적·경제적 성과를 민간 기업이 특허와 같은 방식을 통해 독점하고 이렇게 개발된 신약을 환자들이 고가에 구입해야 한다는 내용인데, 지금의 빅데이터 수준으로는 아직은 시기상조인 이야기이지만 미래에는 가능해질 수 있다. 현재 새로 개발되는 약의 가격이 해가 지날수록 급격하게 비싸지면서 건강보험 재정을 축내는 일은 세계 어디에서나 만연한 문제이다. 왜 이렇게 약이 비싸냐고 불만을 토로하면 제약회사는 "임상 시험 등을 통해 많은 비용 부담이 발생했기 때문에 어쩔 수 없고, 적절한 값을 받을 수 없다면 신약 개발에 막대한 지장이 생길 것"이라며 엄포를 놓는다. 그런데 신약 개발 과정의 비용은 블랙박스나 마찬가지이다. 신약 개발의 첫 단계인 유전체 연구를 포함한 실험실 연구와 동물 실험은 대부분 정부의 연구비 지원을 받는 대학의 연구자들이 수행하는데 회사가 전적으로 R&D 비용을 부담하는 것처럼 이야기하는 것은 적절하지 않다. 한편으로 임상 시험은 신약 개발에서 매우 큰 리스크와 비용을 감당해야 하는 단계인 것도 사실이다.

셋째, 수학자 캐시 오닐Cathy O'Neil은 『대량살상 수학무기』에서 보건의료 빅데이터를 인공지능 알고리즘이 분석하는 상황의 부당함을 적나라하게 지적한다. 하버드대학에서 수학 박사 학위를 받은 그녀는 수학이 금융 상품에 활용되는 것에 매력을 느끼고 월스트리트에서 4년간 일했다. 하지만 그녀는 자신의 수학적 역량이 헤지펀드 개발 알고리즘에 악용되면서 다수의 사람을 빈곤의 구렁텅이로 떨어뜨리고 빈부 격차를 가속화시킨 점을 통탄하며 회사를 뛰쳐나와 이 책을 집필해 세계적인 화제를 일으켰다. 그녀의 핵심 주장은 알고리즘은 공정하지 않고, 믿을 수 없을뿐더러, 무소불위의 권력으로 차별과 불공정을 확대 생산할 수 있다는 것이었다. 한 예로 미국 의료보험의 경우를 살펴보자.

미국은 의료비가 매우 비싼 나라이기 때문에 고용주들이 의료보험료 부담을 줄이는 것이 경영의 중요한 화두로 되어 있다. 여기에 구세주처럼 등장한 것이 웰니스 기술이다. 애플 워치 같은 웨어러블 기기를 동원하여 신체 기능 정보를 모니터하는 것은 개인적인 측면에서는 나쁠 일이 없다. 문제는 고용주들이 이 데이터를 건강보험요율과 연동시킨 후부터이다.

이론적으로야 문제가 없다. 이 프로그램을 통해 만성질환을 예방할 수 있다면 당연히 직원들의 건강이 향상되면서 의료기관을 이용할 일이 줄어들 것이고 고용주는 그만큼 건강보험료 부담을 낮출 수 있다. 건강 관리를 잘하는 기업이라면 보험회사(정부가 관리하는 국민 개보험 시스템인 우리나라와 달리 미국은 건강보험의 대부분을 사보험에 의존한다)가 보험료를 낮추어 줄 수도 있다. 이 모든 시나리오는 프라이버시 침해와 알고리즘의 강제성만 아니라면 완벽하게 보일 것이다. 그러나 프라이버시 침해는 분명 심각한 문제이지만 강제성의 문제는 더 심각하다.[9]

실제로 이미 많은 기업들이 직원들에 대한 야심 찬 건강 기준을 마련하고 이를 충족시키지 못하는 직원들에게 불이익을 주고 있다. 타이어 제조업체인 미셰린은 혈압, 포도당 수치, 콜레스테롤 수치, 중성지방 수치, 허리둘레 등을 포함하는 대사 증후군에 대한 다양한 기준의 직원 목표치를 설정해놓았다. 세 가지 항목에서 목표치를 달성하지 못한 직원은 건강보험료로 연 1000달러를 추가 부담해야 한다.

캐시 오닐은 눈앞에 펼쳐진 이런 현실을 보며 기업들이 직원의 건강에 관한 빅데이터를 확보한 후 전혀 공정하지 않은 알고리즘에 의해 신용평가점수에 상응하는 건강점수를 만들어 입사 심사나 건강보험요율 계산에 활용할 위험을 경고한다. 이는 매우 현실적인 우려인데 우리나라 심사평가원의 빅데이터가 보험요율을 계산하기 위해 실손보험회사에 팔린 사례가 있다.

넷째, 질병의 사회적 원인을 배제하고 유전자 결과만 감안하는 것은 의료적인 문제인 동시에 사회적인 문제이다. 이는 다섯째로 지적한 정밀의료가 건강관리서비스와 결합되어 생활 습관 등의 사회적 요인을 무시하고 개인 맞춤 치료만 제공함으로써 건강 불평등을 심화시킬 것이라는 우려와도 마주보는 문제이다. 의료가 질병의 예방과 관리를 도외시한 채 검사, 행위 위주로 치닫는 현실과도 관련이 있는데 결국 사람이 하는 일과 거대한 장비가 하는 일의 싸움, 인간과 자본의 싸움이라는 큰 틀에서 일어나는 일이다. 인간이 하는 일에 대한 보상은 형편없이 둔 채 최첨단 기계를 동원해서 돈벌이를 하게 만드는 현실은 서구 선진국에서도 문제로 대두되고 있지만, 우리나라만큼 적나라하게 드러나는 곳은 별로 없다.

아우라와 최면

현재 대한민국의 수가 체계를 결정짓는 상대 가치 체계 내에서 의료 인력 인건비 대 검사비의 보상 수준은 세계 어느 곳에서도 찾기 힘들 만큼 비정상적이며 불균형적이다. 그리고 소위 첨단 검사기법으로 갈수록 인건비 대 검사비의 차이는 더 벌어진다. 유전자 검사의 경우 보험 급여가 안 되기 때문에 더 그러하다. 대표적인 관절염의 유전자 검사인 HLA-B27의 수가는 진찰료의 세 배가 넘는다. 진찰은 3분 만에 엉망으로 해치우고 그 시간에 검사로 이윤을 내는 구조가 나올 조건이 형성되어 있다.

HLA-B27은 강직성 척추염이라는 염증성 관절염 환자의 95퍼센트 이상에서 양성 반응을 보이기 때문에 진단에 도움이 된다. 민감도가 높은 검사이기 때문이다. 그러나 앞에서 강조한 것처럼 특이도의 문제는 어김없이 따라온다. HLA-B27 유전자 검사가 양성이기만 하면 강직성 척추염을 진단할 수 있을까? 물론 아니다. 강직성 척추염의 유병률은 1퍼센트 정도이지만 우리나라 사람들에서 HLA-B27 유전자의 빈도는 약 5퍼센트이다. 유전자 검사만 놓고 보았을 때 HLA-B27 유전자를 가진 사람의 80퍼센트는 병을 앓지 않는다. 강직성 척추염의 주 증상이 인구 집단의 절반이 가지는 요통이라는 것은 문제를 더 복잡하게 만든다. 물론 관절염인 강직성 척추염의 요통은 일반적인 요통과는 조금 구별되는 특징을 나타내지만 이는 문진을 제대로 해보아야 알 수 있다.

이 질환이 흔히 젊은 남자에서 요통으로 발현하기 때문에 허리가 아파 병원을 방문하는 남자 환자에게 으레 HLA-B27 유전자 검사를 시행하는 병원들이 있다. 검사자 대다수는 불필요한 검사를 받는 셈인데 유전자 검사 결과 양성이라는 이유만으로 국가지정 희귀 난치 질환인 강직성 척추염으로 오진되는 건 큰 문제이다. 이렇게 해서 전문의를 찾아오는 환자들은 나도 종종 보는데 강직성 척추염이 아니라고 하면 "유전자가 양성 나왔는데 당신 말을 어떻게 믿느냐?"라고 따지는 환자도 있었다.

"우리나라에서는 HLA-B27 양성인 분들 중 20퍼센트 정도만 강직성 척추염입니다. 다른 임상 증상이 맞지 않는데 유전자 검사만으로 진단하는 건 아니에요. 완전한 비유는 아니지만 이렇게 말씀드려볼게요. 우리가 제복을 입은 사람들 중에서도 이러이러한 일을 하는 사람들만을 경찰이라 하지요. 그냥 제복 입었다고 다 경찰은 아니잖아요. 유전자 양성이라는 의미는 '제복을 입은 사람'이라고 크게 걸러내는 의미밖에는 없어요."

만사를 숫자와 데이터로 설명하기 좋아하는 나는 나름 알아듣기 쉽게 설명했다고 생각하지만 환자들은 머리를 쥐어뜯으며 "그래도 유전자 양성이라는데" 하며 혼란스러워한다. 그만큼 유전자 검사의 최면 효과는 대단하다.

"그래서 지금 허리 아픈 건 좀 어떠신가요?"

"그러고 보니 이 병원 진료 기다리면서 많이 좋아지긴 했네요."

"처음에 아프실 때 혹시 이사하거나 무거운 거 들고 삐끗한 적은 없으세요?"

"삐끗은 아닌데 이사는 갔었지요. 짐 좀 날랐어요."

"네. 그래서 아프신 거예요. 강직성 척추염 아니에요. 좀 기다려보시고 한 달 넘게 증상이 지속되거나 다시 심해지면 오세요. 그때 살펴보아도 늦지 않습니다. 물론 무거운 것만 안 드시면 안 아프실 가능성이 더 높아요."

환자는 내 말에 납득을 한 것인지 조금은 밝아진 표정으로 진료실을 나서려다가 다시 묻는다.

"그래도 추가 검사 더 해야 하지 않나요?"

"아니, 필요 없어요. 가시면 됩니다."

그는 다시 돌아오지 않았다. 물론 나를 못 믿고 다른 의사에게 갔는지는 알 수 없다. 그러나 내가 말한 대로 증상이 좋아졌을 것이고 그랬다면 유전자 검사로 내려진 진단이 맞는지 확인하러 굳이 또 다른 병원을 찾았을 것으로는 생각하지 않는다. 그런데 이렇게 질환과의 연관성이 강력한 유전자는 몇 개 되지도 않는다. 대부분의 유전자들은 "A 질환 환자에서는 정상인에 비해 B 유전자의 빈도가 세 배 높다"라는 식의 근거밖에는 가지지 않는데, 이런 데이터에 훈련되지 않은 사람들에게는 '유전자'라는 말이 가지는 막연한 아우라와 함께 그 정확성에 대해 최면에 가까운 잘못된 믿음을 심어준다.

## 과대 선전

현대 의료에서 시행하는 유전자 검사는 크게 진단적 목적과 치료를 결정하기 위한 목적 두 가지로 대별할 수 있다. 유전자 검사를 받는 분들은 검사의 기본 개념 정도는 숙지할 필요가 있다. 대부분 비급여 검사이기 때문에 최소 수십만 원에 이르는 고가이다. 몇천 원짜리 물건을 사면서도 가성비를 따지는 요즘, 아무리 정보 불균형이 심하다 해도 아무런 지식도 없이 유전자 검사를 받는 건 바람직하지 못한 일이기 때문이다.

유전자 검사의 의미를 이해하기 위해서는 유전자가 인간의 질환을 얼마나 설명하는지에 대한 이해가 선행되어야 한다. 잘 알려진 대로 모든 유전자가 동일한 상태로 태어나는 일란성 쌍둥이라 하더라도 한쪽 쌍둥이가 가지는 질병을 다른 한쪽은 가지지 않는 경우가 더 많다. 의학적 용어로 '일치도'라는 표현을 쓰는데 〈표 1.1〉에서 보듯 매우 강력한 유전 성향을 지닌 질환도 일란성 쌍둥이의 일치도가 50퍼센트를 넘기지 못하는 경우가 많다. 대부분의 질환에서는 유전자가 질환 발생을 20퍼센트도 설명하지 못한다. 쌍둥이 중 한 쪽이 입양 등의 이유로 다른 가정환경에서 자라는 경우에는 일치도가 더 낮아지는데, 이는 질환을 일으키는 환경의 강력한 힘을 보여준다.

많은 연구는 사람들이 유전자 정보를 알았다 해서 생활 습관을 바꾸지는 않는다고 보고하는데, 이는 유전자 정보만으로는 질환 예방에 별 도움이 안 됨을 시사한다.[10] 최악의 경우 자

| | 일란성 쌍둥이 | 이란성 쌍둥이 |
|---|---|---|
| 조현병 | 50% | 10~19% |
| 2형 당뇨병 | 17~57% | 9~16% |
| 류마티스 관절염 | 15~20% | 3% |
| 전신성 홍반성 낭창 | 24~69% | 7~10% |
| 양극성 장애 | 68% | 14% |

〈표 1.1〉 쌍둥이 형제간 질환 일치도의 예.

신의 유전자가 질환 발생의 위험을 낮추는 쪽이라는 것을 알게 되면 건강에 해로운 습관을 고치지 않을 가능성까지 있다. 해석할 능력이 없는 유전자 정보가 주어지면 불필요한 검사와 치료도 늘어난다. 한 예로 혈관에서 피가 굳는 혈전증이 발생한 환자의 경우 입원 치료 중 피가 굳는 성향을 가져오는 다양한 유전자 검사들을 시행하게 되는데 대부분 치료에 도움이 되지 않을 뿐 아니라 치료 기간을 불필요하게 연장함으로 의료 비용을 높이는 것이 보고된 바 있다.[11]

유전자 검사를 중심으로 하는 정밀 의료precision medicine 가 대중 매체에 어떤 방식으로 보도가 되었는지를 살피는 한 연구에서 774건의 보도 자료를 검토한 결과, 긍정적인 내용이 대부분으로 92퍼센트에서 유용함이 보도됐다. 반면 문제점을 언급한 보도는 33퍼센트에 그쳤다.[12·13] 전체적인 기사의 흐름은 82퍼센트에서 긍정적이었고 균형 있는 흐름을 가진 기사는 7퍼센트에 지나지 않았다. 또한 그런 경향은 10여 년간 전혀 바뀌지 않았음이 관찰되었다. 심층 보도의 경우에는 좀 더 균형 잡힌 내용이 많았지만 이런 기사는 대개 분량이 많고 길어 대중의 관심을 받기 어렵다. 헤드라인을 장식하는 단발성 기사일수록 유전자 검사의 효용만을 강조하는 경향이 있었는데 이런 기사는 당연히 더 많은 대중의 관심을 끈다. 대부분의 기사는 유전자 검사가 질병 발생 위험이 높은 사람들이 경각심을 가지고 생활 습관 등의 인자를 조절함으로써 건강 상태를 개선하는 데 획기적인 방법이 될 수 있다고 보도하지만, 앞에서 언급한 대로 많은 연구 결과는 그 반대임을 보고한다.

유전자 검사를 포함한 정밀 의료가 대표적인 과학적 과대선전hype이라는 것이 많은 전문가의 견해인 이유이다. 현재 시행되는 유전자 검사의 기술적 한계도 명백하다. 고작해야 몇 개의 염기서열 변이를 발견하는 것은 유전체라는 망망대해에 떠다니는 아주 작은 부스러기를 잡아내는 데 지나지 않기 때문이다. 이렇게 규명된 염기 서열의 변이가 정말 질환의 원인인지도 불분명하다. 그 옆에 있는 다른 알려지지 않은 유전자와 같이 묻어 다니다 우연히 발견된 것일 가능성도 높기 때문이다. 실제적으로 질환 발생과 연관이 있는 것은 현대의 검사법으로 검출되는 단일 염기 서열 변이가 아닌, 더 복잡한 유전자들의 구조적 변이일 가능성이 높지만 아직 구조적 변이를 검출하는 기술은 초보 단계이다. 어느 유전자가 환자에서 더 많이 검출된다는 것은 연관성일 뿐 질환의 인과관계는 결코 아니지만 유전자 검사는 이런 구분을 명확하게 하지 않는다.

이런 기본 개념을 가지고 실제 진료에서 유전자 검사가 활용되는 시나리오를 살펴보자.


## 검사는 어떻게
## 당신을 기만하는가

며칠째 과로로 잠도 못 자고 머리도 아프고 극심한 피로를 느낀 이철수 씨는 일요일 저녁 건강 프로그램을 보다가 A 질환에 대해 알게 된다. 들으면 들을수록 이철수 씨는 자신의 모든 증상이 A 질환과 들어맞는다고 생각하고 조기에 진단하고 치료하지 않으면 큰일 난다는 내용을 보며 이 질환에 대해 거의 공포심을 가지게 된다.

그런데 흰 가운을 입은 전문가가 A 질환은 B 유전자 검사를 하면 진단이 된다는 말을 한다.(사실 이것도 전문가는 단지 '진단에 도움이 된다'고 말을 한 것인데 일반인들은 유전자 검사를 해야 진단이 된다고 이해하는 경우가 대부분이다.) 이철수 씨는 그 길로 유전자 검사가 가능한 상급 종합병원에 가기 위해 가끔 들르는 동네 내과에 가서 증상을 이야기하고, 머리를 갸웃거리는 의사에게 떼를 써서 진료 의뢰서를 받아 상급 병원에 진료 예약을 한다.

그렇게 해서 상급 종합병원을 방문했지만 도떼기시장 같은 외래 진료실에서 담당 교수는 이철수 씨의 증상에 대해서는 건성으로 듣고 "그럼 검사하세요"라는 말로 이철수 씨를 내쫓는다. 뭐 큰 상관은 없다. 어차피 검사하러 온 거니까. 이제는 유전자 검사 결과가 무엇인지만이 중요한 일이 된다. 그사이 걱정하느라 며칠 잠을 못 자서 피로는 더 심해지고 머리는 더 아파졌다. 드디어 선고일이 다가오는데….

이철수 씨의 얼굴을 제대로 쳐다보지 않고 눈도 한번 안 맞춘 담당 교수는 컴퓨터 화면만 들여다보면서 이렇게 이야기한다. "아 유전자 검사 양성이네요. A 질환일 가능성이 있지만 좀 더 정밀 검사를 해봐야 확실히 진단을 내리겠습니다." 그러나 "유전자 검사 양성"이라는 말을 들은 순간 이철수 씨는 이미 패닉 상태에 돌입했고 그다음에 들은 말은 기억도 하지 못한다. 100만 원이 넘는 추가 정밀 검사들을 마친 후 이제 사형 선고를 기다리는 심정이 된 이철수 씨는 하소연이라도 하려고 다시 동네 내과 의사를 찾는다. 대학 병원에서 받은 한 보따리 약을 먹고 나니 속이 뒤집어져서, 다시 그 증상을 완화하는 약을 받기 위해서이다. 동네 내과 의사는 이철수 씨의 하소연을 잠자코 들은 후 그를 바라보며 이렇게 말한다.

"오늘 제가 드린 약 드시고 하룻밤 잘 주무시지요. 저는 A 질환이 아니라고 생각합니다."

이철수 씨는 속으로 '약이나 주면 되지 동네 의사가 뭘 안다고' 하며 혀를 차고 병원을 나선다. 내일이 최종 판정일인데 왠지 오랜만에 깊은 잠에 든 이철수 씨는 아침에 두통이 말끔히 가신 것을 깨닫는다. 좋은 징조인 것 같다.

"A 질환 아니네요. 약이나 더 가져가세요."

대학 병원 교수는 컴퓨터 화면에 뜬 이철수 씨의 검사 결과를 들여다보면서 여전히 환자는 쳐다보지도 않은 채 말을 내뱉고 이철수 씨는 진료실로부터 다시 쫓겨나지만, A 질환이 아니라는 판정이 너무 기쁜 나머지 자신이 지금까지 어떤 손해를 보았는지는 미처 깨닫지 못한다. 다음의 데이터를 살펴보자.

① A 질환의 인구 유병률(빈도)은 2퍼센트이다.(〈그림 1.2.1〉)
② B 유전자가 일반인에게 출현할 빈도는 20퍼센트, 즉 전체 인구 집단에서 열 명 중 두 명이 B 유전자를 가진다.(〈그림 1.2.2〉)
③ A 질환 환자는 정상인에 비해 B 유전자를 가질 확률이 세 배 더 높다. 즉 A 질환 환자의 60퍼센트는 이 유전자를 가진다. 그러나 거꾸로 아무나 붙잡고 유전자 검사를 한다면 B 유전자를 가졌으면서 A 질환 환자일 가능성은 10퍼센트에 못 미친다(그림 〈1.2.2〉에서 유전자 양성인 20명 중 A 질환 환자는 한 명으로 5퍼센트에 불과하다. 민감도가 100퍼센트가 못 되기 때문에 산술적 계산인 2(유병율)/20(유전자 양성율)인 10퍼센트보다 훨씬 낮아진다). 지금까지 나온 유전자 연구들은 대부분이 이런 결과를 도출한다. 즉 전체 인구 집단을 질환을 가진 사람과 가지지 않은 사람들로 나누고 질환을 가진 사람에서 특정 유전자의 발현이 정상인과 차이가 나는지를 보는 방식이다.

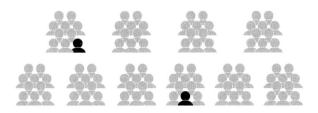

〈그림 1.2.1〉 A 질환의 빈도:
100명 중 2명

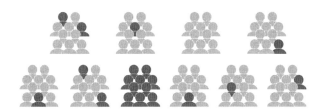

〈그림 1.2.2〉 B 유전자의 빈도:
100명 중 20명

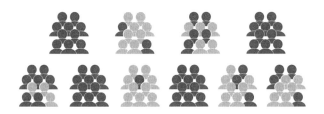

〈그림 1.2.3〉 A 질환과 유사한 증상의 빈도:
100명 중 62명, A 질환인지 걱정되어 B 유전자 검사를 받을 잠재적 수요 집단

④ A 질환은 두통이나 피로감 같은 흔한 증상이 나타난다.
(〈그림 1.2.3〉)

이철수 씨는 〈그림 1.2.3〉의 보라색으로 표시된 사람에 속하는데 유전자 검사 때문에 불필요한 고가 검사까지 하여 큰 비용을 지출하게 되는 경우이다. 질환 연관 유전자란 앞서 설명한 대로 그 질환을 족집게처럼 잡아내는 유전자라는 뜻이 아닌, 일반인에서보다 질환군에서 유의미하게 많이 검출되는 유전자라는 의미이다. 그림에서 보듯 정작 A 질환을 가진 환자에서도 절반 가까이는 이 유전자가 나오지 않는다. 반대로 유전자를 가지는 대부분의 사람은 A 질환을 가지지 않는다. 유전자가 나오지 않는다고 해서 질환이 아니라고 말하지 못하고, 거꾸로 유전자가 있다 해서 진단을 내리지도 못한다는 의미이다. 민감도와 특이도의 원칙은 유전자 검사도 항핵 항체와 같은 일반 검사와 동일하게 적용된다.

이런 검사가 무슨 가치가 있을까? 정밀 검사와는 멀어도 한참이나 먼 이야기인데 말이다. 물론 유전자 검사를 시행해야 하는 환자군은 존재하는데, A 질환을 강력하게 의심하게 하는 임상적 소견이 있는 경우이다. 이것은 진료실에서 환자를 아주 면밀히 살피지 않으면 파악이 안 되지만 우리나라의 진료실에서는 언감생심일 뿐이다. 더군다나 A 질환처럼 나타나는 증상 자체가 애매모호한 경우라면 상황은 더 어려워진다. 그런 현실에서는 질환은 아니지만 유전자만 양성인 많은 환자에게 불필요한 정밀 검사로 이어지는 빗장이 풀리면서 막대한 의료비 낭비가 일어난다. 애당초 필요하지도 않았던 유전자 검사(대부분은 비급여이고, 급여로 인정해주면 안 되는 이유도 충분하다) 자체가 고가 검사이지만 후속 검사로 따라오는 비용에 비하면 약과이다.

## 의사도 해석하지 못하는 검사

만일 영국 정부의 '100만인 유전자 프로젝트'와 같은 유전자 검사에 동의해서 유전자 분석을 받았다 했을 때 내가 손에 쥐는 데이터는 어떤 것일까? 이미 원인 유전자가 밝혀진 질환들 위주로 검사를 하는 23andme의 보고서를 예로 들어 보이겠다. 이 회사의 가장 큰 데이터베이스는 '조상찾기'에 관련된 것인데 이것은 질환과 직접 관계는 없으니 언급하지 않겠다. 보고서는 내가 몇종의 질환 위험 유전자를 가지고 있는지를 우선 알려준다. 회사에서 사용하는 유전자 항목에 대해서는 미국 식약처의 허가를 받아야 한다. 관심 질환에 속하는 치매나 암, 파킨슨병 등은 원인 유전자가 무엇인지 밝혀져 있지 않고 다만 위험 유전자들(연관 유전자이다)만 알려져 있는 상태이기 때문에 대중들에게 잘못된 정보를 제공하지 않기 위해 정부 기관의 규제와 감독을 받는 것이다. 부정확한 진단 시약이 판매되지 않도록 감독하는 것과 같은 개념이다.

알츠하이머병의 경우 아포지질단백질 E라는 유전자가 가장 강력한 위험 유전자로 정립이 되어 미국 식약처가 이 유전자의 정보를 사용하는 것을 허용했다. 아포지질단백질 E의 위험 유전형인 e4는 정상인에서 13퍼센트, 알츠하이머 환자에서는 40퍼센트 정도의 빈도로 나타나 정상인 대비 환자에서 세 배 정도 높게 관찰된다. 하지만 정상인의 13퍼센트에서 이 유전자가 나타난다는 사실은 이 유전자를 가지고도 발병하지 않는 사람이 매우 많다는 의미이다. 반대로 알츠하이머 환자의 40퍼센트에서만 이 유전자가 나타난다는 것도 환자의 60퍼센트는 이 유전자를 가지지 않는다는 의미이다.

실제로 23andme의 보고서도 "위험 유전자를 가지고 있습니다. 그러나 그렇다고 병이 발생한다는 의미는 아닙니다. 의심 증상이 발생하면 의사를 찾으세요"라고 되어 있다. 그럼 병이 생긴다는 말인가, 안 생긴다는 말인가? 이런 검사 결과를 아는 것이 어떤 의미가 있을까? 아직까지 알츠하이머병의 예방법이나 치료법도 없는 상황인데? 위험 유전자가 강력하지 않은 경우의 혼란은 훨씬 더 크다. 현재 유전체 연구에서 발굴되는 다빈도 질환 위험 유전자들의 질병 설명력(유전자가 병의 발생에 기여하는 정도)은 5퍼센트 이내인데, 5퍼센트 정도만 되어도 매우 큰 발견이라고 영향력 있는 학술지에 실리고 뉴스에 나온다. 일반인들이 이해하는 질병 진단 정밀 검사와는 멀어도 한참 멀지만 그럼에도 매일같이 신문의 과학 단신 란에는 "A질환의 새로운 유전자가 밝혀졌다"라는 기사가 실린다. 일반인들에게는 유전자 검사로 모든 질환을 진단할 수 있을 것처럼 오해될 여지가 충분하다.

이렇게 일개 유전자의 질병 설명력이 낮다 보니 여러 개의 유전자들을 합쳐서 패키지 검사를 하기도 하는데 그것도 성적은 그다지 신통치 않다. 대부분 "당신은 B 질환에 걸릴 확률이 50퍼센트 이상입니다"라는 답도 주지 못한다. 그럼에도 유전자 검사는 절대적인 정확성을 가지는 것처럼 오도되고 있다. 유전자 검사의 문제 중 하나는 병에 걸릴 확률보다 걸리지 않을 확률이 높은 사람들에게 불필요한 걱정을 심어준다는 점이다.

미국 배우 안젤리나 졸리Angelina Jolie가 유방암 위험 유전자를 가지고 있다는 이유로 양측 유방 절제술을 한 이야기는 매우 유명한데, 그녀가 가지고 있었던 브라카(BRCA) 유전자 돌연변이는 지금까지 밝혀진 암 유전자 중 가장 강력한 인자이다. 브라카는 1형과 2형이 있는데 1형 위험 유전자를 가진 여성은 70세까지 약 절반 정도가 유방암, 40퍼센트 정도가 난소암에 걸릴 확률이 있다. 이 확률은 인종에 따라 달라지는데 유럽에 거주하고 비교적 유전적으로 동질한 아슈케나지계 유태인이나 폴란드인의 경우 발병률이 높다. 2형 위험 유전자의 경우도 유방암은 약 50퍼센트 난소암은 약 20퍼센트 정도의 확률로 발병한다. 1형 유전자를 가진 경우 유방암이 발병하면 항암치료제도 잘 듣지 않는, 예후가 나쁜 경우가 대부분이다. 이 정도라면 발병할 확률이 절반이 넘으니 안젤리나 졸리처럼 과감하게 양측 유방을 절제하는 것을 고려할 수 있다 하겠으나 유방암 환자 전체를 놓고 보면 브라카 유전자 돌연변이의 양성률이 매우 낮다는 점을 염두에 두어야 한다.

우리나라 환자 가운데 이 유전자 돌연변이의 빈도는 유방암 전체 환자의 2.8퍼센트에 지나지 않는다.[14] 유방암, 난소암의 가족력이 있는 등 위험 인자를 가지는 경우 양성률은 22퍼센트까지 올라가지만, 역시 반대로 그런 유방암 환자도 80퍼센트 가까이는 위험 유전자를 가지지 않는다는 의미가 된다. 브라카 변이 유전자는 지금까지 알려진 가장 강력한 암 유전자이지만 대부분의 유방암 환자는 이 유전자를 가지지 않고, 따라서 이 유전자 검사에서 음성 소견이 나왔다 해서 유방암이 걸리지 않는다는 의미는 절대로 아니라는 사실만 명심하자.

강력하다고 알려진 유전자의 유용성이 이렇게 애매한데 다른 암 유전자들은 어떨까? 브라카에 관한 위의 설명을 이해하기 어려운 분이라면 아마 결과를 받고 전문가 설명을 들어도 무슨 의미인지 파악하기 어렵고 오히려 잘못된 인식만 생길 가능성이 높다. 단일 유전자도 이렇게 혼란스럽다면 수천 개의 유전자를 동시에 검사하는 유전체 검사는 어떨까? 유전체 검사는 전문가도 분석할 수 없어서 컴퓨터 알고리즘으로 분석을 의뢰해야 할 정도의 복잡한 데이터가 나오고 담당 의사도 설명하기 어려운 경우가 많다. 현재 유전체 검사는 진단된 암 환자에서 최적의 치료제를 선택하는 데 제한적으로 승인이 되고 있는데 이 경우는 3장에 나올 고가 항암제의 생존 연장 효능이 실제적으로 어느 정도인지를 함께 살피면서 이해를 하는 것이 적절하다.


선생님은 검사를
너무 적게 처방했습니다

S 교수는 언어의 천재이다. 어떻게 그런 상황에서 그런 말을 만들어낼 수 있는지 감탄하게 만드는 S 교수는 모든 사람을 기분 좋게 하면서 웃음을 선사하는 유머 감각의 소유자이기도 하다. 당연히 환자들 사이에서도 명망이 높다. 그런 S 교수가 이직을 하게 되었다. 이직하던 날 병원 행정 직원이 S 교수를 찾아와서 종이 한 장을 들이밀었다. 그 종이에는 S 교수가 부임한 이후 처방한 자기공명영상 등 고가 검사의 내역이 적혀 있었는데, 한마디로 성적이 형편없다는 이야기였다. 즉 그 병원은 이런 말을 하고 싶었던 것이다.

"선생님은 검사를 너무 적게 처방해서 우리 병원의 경영을 어렵게 만들었습니다."

S 교수로부터 이 이야기를 듣고 나는 너무 화가 났다.

"선생님, 그 병원은 선생님 같은 분을 모시고 있을 자격 없는 병원이에요. 잘 나오셨어요."

우리나라 의료는 사람이 하는 일에 대해서는 항상 무자비한 가격 후려치기로 대응해왔는데 그 결과 검사료와 행위료 사이에 심한 불균형이 존재한다. 물론 외국과 비교해보면 검사료 자체가 높은 편은 아니지만, 검사료는 기계와 관련되는 감가상 각이나 재료비 등을 따져 수가를 책정하기 때문에 기계가 하는 일에 대해서는 그런대로 보상이 되고 있다. 당뇨병 환자의 기본 검사인 당화혈색소라는 검사가 있다. 채혈하면 기계가 읽어 주는 가장 기본적인 진단 검사 항목이다. 우리나라의 진찰료는 당화혈색소에 비해 1.7배인데 환자 한 사람 진료 볼 시간에 당화혈색소 검사를 두 건 내면 실적이 더 좋아진다는 의미이다. 미국과 프랑스는 각각 11.1배, 3.7배이다. 즉 환자 한 사람 보는 행위는 당화 혈색소 4~11건 내는 만큼 보상을 받는다. 그만큼 우리나라 의료에서 사람이 하는 일은 천대받는다. 그런 경향은 해가 갈수록 심화된다. 2005년에서 2019년 사이 진찰료는 45 퍼센트 인상된 데 비해 항핵 항체 검사 수가는 80퍼센트가 인상되었다.

고가 검사에 속하는 영상 검사들에서는 왜곡이 더 심해진다. 우리나라의 진찰료 대비 뇌 컴퓨터 단층 촬영(CT) 검사 수가는 8.6배이다. 즉 CT 검사로 한 건을 찍으면 환자 여덟 명 보는 것보다 수입이 높아진다. 이 비율은 미국의 경우 진찰료 대비 2.1배, 프랑스는 5.8배, 캐나다는 3.9배이다. 우리나라의 CT 촬영 건수가 인구 대비 OECD 최고 수준인 이유를 알 수 있다. 자본주의 의료 체계에서 보상 수준이 행태를 결정하는 것은 자명하다. 대장 내시경 검사 대비로 보면 더 황당한 결과가 나온다. 대장 내시경은 시술 도중 장 천공이나 출혈 등의 문제가 생길 수도 있는 난이도 높은 검사이고 시행 의사의 경험과 노력이 필요하다. 우리나라에서는 대장 내시경 검사보다 자기공명영상 검사 수가가 약 3.6배 더 높다. 즉 대장 내시경 세 건 할 시간에 자기공명영상 검사를 한 건 하는 편이 더 낫다. 이런 수가 구조를 보이는 나라는 세계 어디에도 없다.

상황이 이렇다 보니 교수들 명단을 놓고 누가 자기공명영상 검사를 많이 내는지 따지는 병원들의 행태를 보면 눈살은 찌푸려지지만, 또 그럴 만도 하다는 생각이 든다. 경제 용어로 말하자면 돈 안 되는 행위 대신 돈 되는 행위를 우대하는 코스트 시프트cost shift가 제대로 시행되고 있는 것이다. 이쯤 되면 양질의 진료를 하겠다고 나서는 의사에게는 처벌(!)을 하는 수밖에 없다. 병원들은 그렇게 돈을 벌어서 어디에 쓸까? 비영리라면서.

우리나라 병원이 정말 비영리인지는 다시 따져볼 문제이지만 병원에는 돈 들어갈 구석이 많다. 현대, 삼성 양대 재벌이 초대형 병원을 건립하고 병원 바닥을 대리석으로 장식한 이후 모든 병원은 이런 외형을 따라가야 했다. 어느 병원에서 번쩍거리는 기계를 들여오면 질세라 같은 기계를 들여와야 했고, 기계를 들여오면 당장 기계값과 감가상각의 문제가 발생하기 때문에 기계를 돌려야 했다.

마침 간편하게도 정부는 병원들이 어떻게 돈을 벌어서 어떻게 쓰는지, 그리고 애당초 왜 이런 식으로 돈을 벌게 되었는지 상관하지 않았다. A 병원이 증축을 하면 B 병원도 질세라 증축을 하고 이렇게 부풀어 오른 외형을 뒷받침하려면 더 많은 수입이 필요했다. 한번 시작한 외형 경쟁을 멈출 수도 없는 것이 환자들은 외형이 그럴듯하면 더 나은 병원일 것이라 믿고 몰려들기 때문이다. 워낙에도 의사들의 필수 의료 및 고유 활동에 대한 수가는 낮았는데 이제 호화로워진 병원이 굴러가도록 유지비를 벌어주려면 제대로 된 진료만 해서는 턱없이 부족한 시대가 되어버린 것이다.

기술 중독에 빠진 현대 의학의 세계로
여러분을 초대합니다

✚

로봇 전립선 절제술로

1년 생존을 연장하는 데 사용되는 탄소 배출량은

산모의 목숨과 직결되는 응급 제왕절개 수술

탄소 배출량의 1000배에 달한다.

— 　노르웨이 베르겐 연구소

# 퇴행성 관절염 이야기

당신은 얼마나
잘 속는 사람인가요?

다음의 질문에 답해보시길.

1. 무릎이 아파서 병원에서 사진을 찍으니 연골이 없다고 한
   다. 나는 수술을 하지 않으면 안 될 것이다.

   예    아니오

2. 무릎 퇴행성 관절염을 진단받았다. MRI를 찍어보면 자세한
   이상 소견을 알 수 있기 때문에 반드시 찍어보아야 한다.

   예    아니오

3. 퇴행성 관절염은 조기에 발견하면 약으로 완치할 수 있다.

   예    아니오

4. 관절에 좋은 건강식품을 먹으면 물렁뼈(연골)를 보호할
   수 있다.
      예   아니오
5. 무릎이 아플 때 주기적으로 연골 주사를 맞으면 물렁뼈를
   보호할 수 있다.
      예   아니오
6. 허리가 아파서 촬영한 MRI에서 디스크 탈출 소견이 보였
   다. 수술을 하지 않으면 나의 통증은 호전되지 않을 것이다.
      예   아니오
7. 퇴행성 관절염에서 줄기세포 주사를 맞으면 망가진 연골
   이 회복되고 완치가 된다.
      예   아니오

위의 질문의 답은 모두 '아니오'이다. '예'라고 답한 개수가
많을수록 현대 의료를 과대평가하는 것이며 따라서 속을 확률
이 높다.


연골이 없어서
아픈 것이 아닙니다

나의 전문 연구 분야는 골관절염이다. 일명 퇴행성 관절염이라
고도 불리는 이 병은 할머니들이 무릎을 짚으며 절룩거리는 이

미지로 상징되는 대표적인 노인성 질환이다. 해마다 연구비는 타야겠기에 시류에 맞는 연구 과제들을 제출하면서 연구의 활용 방안 란에는 "새로운 치료법 개발의 근거를 제공하여 10조 원 규모의 바이오 시장에 진출하는 것"이라고 허풍을 떤다.

　연구비를 받으면 감사히 쓰기는 하지만 내가 하는 연구가 이 병에 대한 근본적인 대책을 마련하지 못한다는 것을 나 자신이 누구보다도 잘 알고 있기 때문에 마음 한구석은 몹시 쓰다. 하지만 정작 내가 하고 싶은 연구(신약 개발과는 거리가 있지만 질병의 이해를 깊게 하고 건강 불평등을 개선시키는)를 하겠다고 하면 연구비를 받을 수 없다.

　10여 년 전 미국 학회에서 학문을 하는 사람이라면 누구나 한 번은 경험하는 유레카를 체험한 적이 있었다. 당시 발표된 내용은 미국 국립 보건원National Institute of Health, NIH에서 키우는 원숭이에 대한 연구 결과였는데 부자나라답게 미국 국립 보건원은 한 마리당 1억 원 정도는 들여야 데이터를 낼 수 있는 원숭이들을 대량 사육하면서 다양한 연구를 하고 있었다. 이 원숭이가 천수를 다하고 돌아가시면 모든 연구실의 연구원들이 달려들어 자기 연구 분야에 해당하는 장기를 떼어 간다. 이렇게 해서 얻은 원숭이의 무릎 사진을 한 컷 보여주었는데 눈이 번쩍 뜨였다. 무릎 관절이라는 것이 거의 남아 있지를 않았다. 자연 서식지에서 원숭이들의 수명이 4~5년인데 비해, 실험실에서 사육하는 원숭이는 천적으로부터 보호받고 먹이 걱정도 없기 때문에 그보다 두세 배 정도를 더 산다. 퇴행성 관절염도 그런 것이라는 깨달음이 번뜩 들었다.

인류의 평균 수명이 석기 시대에 약 20세였던 것이 20세기 초반 40세 정도로 늘기까지 수만 년이 걸렸다. 그런데 100년도 안 되어 인류의 평균 수명은 두 배 가까이 더 늘어버렸다. 진화라는 측면에서 보면 도저히 적응을 할 수 없는 상황이고 직립 보행을 하는 인류의 무릎은 망가질 수밖에 없는 운명을 내재하고 있는 거였다. 수만 년 진화의 역사를 역행해서 무릎 연골에 무슨 마술을 부려서 관절염을 고치겠다고 연구비를 신청하는 나 자신이 우스워졌다. 그러고 몇번은 완전히 다른 연구 과제를 써서 냈다가 연거푸 미역국을 먹고, 신념은 멀고 먹고사는 건 당장인지라 할 수 없이 다시 "손상된 연골을 회복시켜"로 복귀해서 연구실을 유지할 수 있었다.

그러는 중에도 세상은 희한하게 돌아갔다. 많은 환자가 무릎에 연골 주사(연골을 보호하는 효능이 입증된 적이 없는)를 맞고 다녔고 연골을 재생하려고 몇백만 원 주고 줄기세포를 맞았다는 말도 심심치 않게 들렸다. 어르신들이 모이는 곳에서는 자식 자랑하기 좋아하는 분들이 "우리 아들이 치료비 냈다"라고 자랑하면서 이런 치료가 효도 상품으로 등극했고, 어르신들 사이에 무의미한 경쟁심과 좌절감이 양산되었다. 나의 연구 결과에 의하면 무릎 연골이 다 없어진 사람의 3분의 1 이상이 아무런 통증을 느끼지 않는다.[1] 하지만 보건의료 연구원의 신의료 기술평가위원으로 활동하면서 줄기세포 연골 재생 치료에 대하여 "환자에게 돈을 받기 전 임상 시험부터 제대로 하라"라는 권고를 했다가, 편협하고 신기술에 선입견이 있는 사람이라는 비난만 받기도 했다.


인보사 사태로 보는
대한민국 바이오의 현주소

그러던 중 거의 해마다 참석하는 세계 골관절염 학회에 한국 기업이 대규모로 세미나를 지원하는 것을 보았다. 이건 또 뭔가 하고 들어가 보았더니 연골 유전자 치료라 했다. 전환성장인자transforming growth factor, TGF-beta 유전자를 연골에 주입하여 연골 재생을 돕는다는 개념이다. 전환성장인자가 연골의 기질 합성을 촉진한다는 결과는 알려진 지 거의 40년 가까이 되었지만, 우리 몸에서 나오는 여러 물질 중 가장 복잡한 신호 전달 체계를 가지는 전환성장인자는 연구자들이 매우 어렵게 생각하는 물질이다.

　　다음 해 같은 학회에서 이 유전자 치료의 소규모 임상 시험 결과까지 발표되었지만 예정되었던 미국에서의 대규모 임상 시험은 진행되지 않았다. 약제 제조 공정의 문제가 발견되어 임상 시험이 취소되었기 때문이다. 소위 '인보사 사태'의 시작이었다.[2] 문제의 발단은 환자에게 주입하는 치료 유전자를 전달하는 세포가 연골 세포가 아닌 GP293 세포였다는 것이었다. 이는 태아의 신장 세포에 암유전자를 넣어 무한 증식하도록 형

질을 변환한 세포이다. 황우석 사태 이후 14년만의 데자뷰였고 많은 사람이 큰 충격에 빠졌다.

"획기적인 국내 최초 유전자 치료제, 세계 최초 퇴행성 관절염 유전자 치료제 신약"

인보사의 선전 문구에는 일반인들의 혼을 빼놓기 좋은 모든 코드가 들어 있었다. 나는 이 프로젝트를 거의 초창기인 2000년경부터 알고 있었는데 이렇게 큰일이 될 줄은 몰랐다. 다른 교수들이 '전환성장인자 연구의 성과'를 칭찬할 때 별 관심을 가지지 않았는데, 전술한 대로 유전자 전달을 통한 연골 재생이라는 기본 아이디어 자체에 별 매력을 못 느끼고 있었기 때문이다. 하지만 나같이 고지식한 사람들의 생각과는 달리 2002년부터 인보사 개발 명목으로 투입된 보건복지부, 산업통상자원부, 과학기술정보통신부의 연구비는 139억 원이 넘었다.[3] 이 연구비가 너무 많다는 것이 아니라 그 과정에서 이루어져야 할 검증이 문제이다.

미국 보통 규모의 대학 연구실 1년 예산이 한화 기준으로 7억~10억 원 정도인 것을 감안하면, 그리고 유전자 치료제의 개발 난이도를 고려하면 사실 이 돈도 그리 많은 것은 아니다. 우리나라 정부가 신약 개발 분야에 지원하는 연구비가 많다 하지만 미국의 예산과 비교하면 초라하기 짝이 없다. 아무리 한국인의 능력이 뛰어나다 해도(그리고 많은 대학원생과 연구 인력을 밤낮으로 갈아서 일을 한다 해도) 수십 배의 자본을 가지고 일을 하는 사람들을 따라잡기는 어렵다. 그래서 더더욱 검증의 의무가 중요하다. 그러나 우리나라처럼 맹목적으로 신기술을 신뢰하는 사회 분위기가 팽배하고 여기에 장단 맞춰주는 정부 기관들이 있다면 검증은 매우 어려워진다.


검증이 왜 필요하지?
매직인데


인보사 품목 심사 때 식약처는 국내 신약 개발을 활성화하겠다는 명분으로 덤핑에 가까운 프로세스로 심사를 하고, 전문가들이 반대를 하면 반대한 사람들을 위원회에서 모두 경질하는 식으로 일을 했다. 식약처장이 인보사 보험급여 여부 결정을 위한 경제성 평가 연구를 한 후, 인보사가 국민건강보험으로 보장해줄 만큼 비용 대비 효과가 높은 치료제라고 보고한 것까지 감안하면 기업이 전문가와 감시하는 세력을 우습게 보는 것도 당연한 일 같다. 의료가 고부가가치 산업이라는 생각에 사로잡힌 결과일 뿐이지 식약처장이 개인적인 탐욕을 가지고 그렇게 한 것은 아니라고 생각한다. 사태가 발발한 후 기업 담당자는 "이미 임상 시험에서 안전성과 유효성이 검증된 의약품인데 뭘 더 검증해야 하느냐?"라고 반발하기도 했다. 대규모 임상 시험이 보류된 상황에서 나온 발언이었다.

인보사 프로젝트 초창기에 관여한 연구자는 거의 전환형 질인자에 관한 신념을 가지고 연구를 했던 것으로 보인다. 그러나 과학의 발전에는 신념보다는 의심이 더 중요한 역할을 한다. 그 신념이 마지막까지 유지가 되었던 것인지도 알 수 없다. 그는 유전자 치료제 인보사를 상업화하기 위해 바이오 벤처 티슈진을 설립했는데 식약처 허가 후 주가가 상종가를 칠 때 모든 주식을 매각하고 회사를 사직했다. 그리고 국적을 바꾸어 미국인이 되었다.

2018년도 『인간 유전자 치료 임상 개발』Human Gene Therapy Clinical Development에 발표된 인보사의 임상 시험 데이터를 살펴보자.[4]

> 163명의 무릎 골관절염 대상자들을 두 군으로 나누어 한 군은 인보사 주사를, 다른 군은 식염수 주사를 투여했다. 치료 후 52주가 지나 평가한 통증 정도는 식염수를 맞은 군에 비해 인보사 군에서 유의하게 호전이 되었다. 연골의 변화는 유의하지 않았다.

골관절염의 통증에 대해서는 인보사보다 훨씬 가격이 저렴한 소염 진통제나 연골 주사도 유의한 효과를 가지기는 한다. 하지만 인보사는 한 번 주사로 1년 동안 효과를 유지하는 특장점이 있다고 주장할 수 있는 데이터이다.

2019년 식약처는 인보사의 판매 허가를 취소한다고 밝혔고 인보사를 투여받은 3700여 명의 환자들에 대한 장기 추적 조사가 시작되었다. 1년 후인 2020년 미국 FDA는 코오롱 티슈진에 '임상 시험 보류 해제'를 통보하면서 생산 공정의 개선 방안과 임상 시료의 안전성 자료를 추가로 요청했다. 코오롱 생명과학은 2022년 호주, 뉴질랜드, 동남아시아 및 아프리카에 골관절염 치료제를 독점 유통하고 있는 싱가포르 소재의 바이오기업 주니퍼바이오로직스와 인보사 기술 수출 계약을 체결했다.

인보사의 성분이 연골 세포가 아님을 숨긴 혐의로 재판에 넘겨진 코오롱 생명과학 임원진에게는 1심 판결에서 무죄가 선고되었다. 허위이거나 불충분한 자료를 제출했지만 식약처가 심사 의무를 다하지 않은 것이기 때문에 이들을 처벌할 수는 없다는 이유에서였다. 인보사 효능에 대한 광고와 국가보조금 약 82억 원을 받은 것도 무죄가 선고되었다. 그러나 인보사 품목 허가 과정에서 편의를 받을 목적으로 식약처 공무원에게 뇌물을 제공한 혐의는 유죄로 인정되었다. 2022년 7월 서울고등법원은 코오롱이 정부를 상대로 "연구비 환수와 국가연구 개발사업 참여 제한 처분을 취소해달라"라며 낸 소송의 항소심에서 원고 승소를 판결했다. '인보사의 치료 성분인 형질 전환 세포가 연골 세포는 아니지만 안전하고 연구 윤리에 문제가 없었다'는 주장을 법원이 인정해준 것이었다. 물론 이 재판에서 승소한 것이 인보사의 효능을 인정했다는 의미는 아니다.

3년간 큰 혼란을 가져온 이 일에 대해 다시 생각해보자. 만일 인보사가 첨단 유전자 치료가 아닌 일반적인 '약'이었다면 어땠을까 하고 가정하면 조금 더 이해하기 쉽다. 만일 이것이 약이었다면, 임상 시험을 거쳐 충분한 유효성과 안전성이 입증되기 전에는 이렇게까지 많은 스포트라이트가 비춰지지는 않았을 것이다. 법정 공방에서의 승소, 미국 식약처 임상 시험 허가 등은 유효성을 입증하기 위한 임상 시험을 시행하기에도 미심쩍었던 많은 문제가 간신히 정리되었다는 것을 의미할 뿐이다. 회사가 주장하는 유효성을 인보사가 가지는지를 입증하려면 훨씬 더 큰 규모의 임상 연구 결과가 필요하다. 2022년 10월 현재 미국 임상 연구 등록 웹사이트인 'clinicaltrial.gov'에서 인보사 3상 임상 연구는 38개 기관에서 환자를 등록 중인 것으로 공개되고 있다. 인보사 사태의 본질은 최첨단 기술이라는 아우라에 휘둘려서 아직 유효성이 충분히 검증되지 않고 생산 공정에도 문제가 있는 약제를 기적의 약으로 섣불리 믿어버린 것이다.

# 로봇,
# 당신의 능력을 보여주세요

## 왓슨, 의대에 가다

몇 년 전 구글의 딥마인드가 개발한 인공지능 바둑 프로그램 알파고가 인간과의 시합을 벌인 일이 초미의 화제가 되었다. 규칙이 비교적 덜 복잡한 체스에서는 컴퓨터가 인간을 멀찌감치 따돌린 지 오래였지만 사람들은 이번에는 다를 거라고 믿고 있었다. 결과는 참패였다. 알파고는 세계 최상위 프로 기사인 한국의 자존심 이세돌 9단과 다섯 번 대국에서 4승 1패로 승리해 많은 이를 충격으로 몰아넣었다. 당시 바둑 세계 랭킹 1위였던 커제柯洁는 감히 "나한테는 못 이길 것"이라고 허풍을 떨었지만, 다음 해 알파고에게 3연패를 당했다.

많은 사람이 공포에 떨었는데 그 가운데 가장 두려워했던 것은 의사들이었다. 인공지능이 단순한 연산식이나 알고리즘으로는 도저히 따라가지 못할 사람의 복잡한 판단력을 쉽게 뛰어 넘었다는 사실은, 다가올 시대에 단순 노무직뿐 아니라 전문직의 자리마저 위태롭게 만들 것으로 보였기 때문이다.

의사들을 위협하는 인공지능의 이름은 왓슨이다. 왓슨의 개발 동기는 단순했다. 1964년에 시작해서 지금까지도 이어지는, 미국을 대표하는 퀴즈쇼인 〈제퍼디!〉 Jeopardy!라는 프로그램이 있다. 찰스 리켈Charles Lickel은 IBM에서 일하는 연구원이었다. 그가 식당에서 식사를 하던 도중 주위가 너무 조용해져서 무슨 일인가 보았더니, 사람들이 〈제퍼디!〉의 74회 우승자 켄 제닝스Ken Jennings의 도전 장면을 보느라 밥 먹는 것도 잊고 TV 화면에 몰입하고 있었다. 리켈은 이런 퀴즈쇼에서 사람을 이기는 인공지능을 개발해보면 좋겠다는 생각을 했는데, 가장 큰 난관은 사람의 언어를 알아듣고 반응하는 시스템을 개발하는 것이었다.

개발자들은 질문을 몇 개의 키워드와 구문으로 분리하고 저장된 데이터베이스에 연결이 되어 있는 단어절과 대조한 후, 통계적으로 가장 연관성이 높은 것을 추출하는 '문장 분석'parsing이라는 기법을 활용하고 위키피디아의 전문을 포함한 4테라바이트에 해당하는 데이터를 왓슨에 입력했다. 그리고 개발을 시작한 지 4년 만에 왓슨은 〈제퍼디!〉에 출연해서 자신이 개발되는 단초가 되었던 켄 제닝스를 상대로 승리를 거두었다. 왓슨과의 게임에서 진 제닝스는 이렇게 말하기도 했다.

"IBM은 왓슨이 미래에 의학 진단, 사업 분석, 기술적 보조 등의 역할을 해낼 것이라고 본다. 20세기 말에 공장의 일거리가 로봇에 의해 사라졌듯 나는 새로운 로봇에 의해 자리에서 밀려날 최초의 인간이 될 것 같다. 하지만 퀴즈쇼 챔피언이 왓슨에 의해 자리를 잃는 최초의 인간이 될지는 모르겠으나 최후는 아닐 거라 본다."

인간을 이기는 컴퓨터가 나온 후 더 이상 인간이 푸는 퀴즈는 무의미하다는 생각이 만연하게 되어 〈제퍼디!〉가 종영이 되었을까? 〈제퍼디!〉는 코로나 팬데믹 시기에도 매회 방영되었고 『TV 가이드』에서 선정하는 미국에서 가장 위대한 60대 방송 중 45위에 랭크되기도 했다. 이세돌은 알파고와의 대국으로 세계적인 유명세를 탄 여세를 몰아 다보스 포럼에 바둑을 홍보하기 위해 참가했다. 퀴즈쇼, 체스, 바둑 등 언급한 모든 사례는 사람들의 취미 활동에 관련된 영역이었다. 그런데 경제적인 이해관계가 걸려 있는 분야에서 인공지능은 어떤 의미를 가질까? 여기서부터는 이야기가 상당히 달라질 수 있다. 퀴즈쇼를 졸업한 왓슨이 의과대학에 입학한 이야기부터 살펴보자.

왓슨이 〈제퍼디!〉에서 사람을 이긴 다음 왓슨의 개발자가 생각한 것은 당연히 고도의 인간 지력이 필요하다고 여겨지는 영역에 도전하는 일이었고, 의과대학을 선택한 것은 전혀 놀랍지 않다.[5] 실제로 왓슨이 등록금을 내고 의과대학 커리큘럼을 시작한 것은 물론 아니다. 2012년 IBM은 왓슨에 미국 굴지의 의료보험사인 웰포인트Wellpoint와 뉴욕 맨해튼에 있는 유명 암 전문 병원 슬론 케터링Sloan Kettering 암 센터의 데이터베이스를 입력하기 시작했고, 이를 두고 회사는 "왓슨이 의과대학에 입학했다"라는 말로 선전을 했다. 인공지능을 이해하지 못하는 대다수의 의사들은 당연히 불안해하기 시작했다. "인공지능이 진단을 하고 치료까지 결정해버리는 세상이 되면 의사는 필요가 없어지는 것 아닌가?"

그런데 대중은 물론이고 의사들조차 인식을 못 하고 있는 것은 이미 인공지능과 로봇이 의료에 깊숙이 들어와 있다는 사실이다.


## 수술은 로봇에게,
## 책임은 의사에게

"인간보다 더 정밀한 능력을 가진 로봇 수술"

이런 말이 나온 것이 이미 오래전의 일이다. 미국의 인튜이티브 서지컬Intuitive Surgical이라는 회사에서 제작한 다빈치 로봇이 대표적인데 2000년도에 미국식품의약청Food and drug administration, FDA에서 공인받은 후 의료 기기로 이용되기 시작했다. 작게 절개된 수술 부위로 로봇 팔을 넣고 의사의 조종하에 수술이 이루어지는데, 당연한 이야기이지만 로봇 혼자서는 아무것도 할 수 없고 시술자의 적절한 개입이 있어야 한다.

가장 많이 이용되는 분야가 비뇨기과의 전립선 절제 수술이고 자궁 적출술이나 판막 시술 등에도 이용된다. 우리나라에는 식품의약품 안전청의 승인하에 2005년도부터 도입되었고 2020년 기준으로 전 세계 5500여 대가 보급됐는데 그중 한국에 96대가 도입되었다. 2016년 61대에서 4년 만에 50퍼센트 이상 증가한 것이다.

로봇 수술은 복강경 수술의 어려움 때문에 시작되었다. 과거에는 메스로 길게 절개를 해서 충분한 시야를 확보하고 어렵지 않게 개복 수술을 할 수 있었는데, 복강경이 개발된 후로는 이전에는 간단히 개복 수술로 할 수 있었던 수술들이 어려운 수술이 되어버렸다. 복강경 수술은 개복 수술에 비하면 쥐구멍이라 해도 과언이 아닐 정도로 작은 구멍만을 내고 그 안으로 기계를 비집어 넣고 시행해야 하기 때문이다.

당연히 시야 확보가 안 되고 땅굴 속에서 작업을 하는 것처럼 답답한 경우가 생긴다. 집도의는 자신의 손에 비하면 작동이 형편없이 불편한 복강경을 사용해서 3차원인 인간 몸을 2차원 모니터를 들여다보며 수술해야 했다. 그러나 가급적 절개를 작게 하는 최소 침습 수술이 대세가 되어버린 현대 의학에서 과거처럼 개복 수술로 돌아갈 수는 없었다. 비교적 단순한 수술에 속하는 전립선 적출술, 자궁 적출술, 탈장 수술, 맹장 절제술, 담낭 적출술 등은 특별한 경우가 아니면 복강경으로 시술하게 되었다. 이런 상황에서 등장한 것이 로봇 수술이다.

불편한 기구들에 의존해야 하는 기존 복강경 수술에 비해 로봇 수술(로봇 수술도 복강경 수술이다)의 장점은 명확해 보인다. 우선 시야를 3차원으로 확보해 집도할 수 있다. 앉아서 수술을 하는 것이 가능하고 많은 인간 외과 의사의 고민인 손 떨림 문제도 상당 부분 해결이 된다. 기존 복강경 수술의 장점인 최소 부위 절개로 인한 출혈 위험 감소, 빠른 회복, 통증 감소, 재원 일수 감소 등은 모두 물려받는다. 물론 어느 경우든 의사가 개입해야 하고 문제가 생겨도 어디까지나 집도의의 책임이 된다.

우리나라의 로봇 수술은 어디까지 와 있을까? 4년 만에 수술 로봇이 50퍼센트 증가한 것을 보면 알 수 있듯, 4차 산업혁명의 선도국답게 로봇 수술은 우리나라에 매우 일찍 도입되고 확산되었다. 기술의 우수성보다는 경제 원리가 우선 적용되었음은 이미 알려진 사실이다. 2011년도에 연세대학교 세브란스 병원에서 중견 탤런트 박주아 씨가 로봇 수술로 신우암 절제를 하다가 십이지장 파열로 사망하는 사건이 일어난 후 로봇 수술의 문제가 관심을 받은 일이 있다. 박주아 씨의 사망 자체는 로봇 수술 때문에 일어난 사고라고 보긴 어렵다. 사람 의사가 복강경 수술을 해도 일어날 수 있는 일이다. 차라리 개복 수술의 위험성이 낮았을 것이다. 앞서 이야기한 대로 쥐구멍만 한 공간을 통해 기구를 비집어 넣고 하는 시술에는 항상 주변 장기가 손상될 위험이 따르기 때문이다. 수술 자체의 문제보다 관심을 끈 것은 수술의 가격이었다.

일반 복강경에 비해 로봇 수술의 비용은 계산하는 방법에 따라 열 배 이상 높기도 하다. 그런 이유에서 사회적으로는 병원들이 앞다투어 로봇 수술을 들여오고 공격적으로 홍보를 하는 행태가 더 문제가 되었고 '돈벌이에 혈안이 된 병원'이라는 비난이 봇물처럼 쏟아졌다. 하지만 로봇 수술의 득과 실을 제대로 따지는 공론의 자리는 마련되지 않았다. 박주아 씨 사망 후 12년이 지난 지금 로봇 수술을 검색해봐도 제대로 된 정보를 찾기는 힘들다.

## 로봇은 왜 대세가 되고 있나

2018년 1월 한양대학교 의과대학 김정목 교수 팀은 1981년부터 2016년까지 복강경 수술, 로봇 수술을 주제로 하는 임상 연구들을 수집하고 메타분석 방법을 통해 수술 성적을 분석한 결과를 『PLOS one』에 게재했다.[6] 27개의 임상 시험, 1700여 명의 환자를 대상으로 시행한 분석에서 기존의 복강경 수술은 수술 시간, 합병증 비율, 비용 모든 면에서 로봇 수술보다 우수했다. 로봇 수술이 우수했던 항목은 출혈량 감소 한 가지였다. 그러나 이런 논문은 일반인들이 즐겨 이용하는 검색 엔진에서는 검색조차 되지 않는다. 물론 로봇 수술이 기존의 복강경 수술보다 우수한 점이 없다는 결과는 이 논문 하나가 아니다.

2016년 발표된 무작위 대조군 3상 임상 시험의 결과는 326명의 전립선암 환자를 두 군으로 나누어 한 군은 기존 방법의 복강경 수술, 한 군은 로봇 수술을 시행하고 어느 쪽의 결과가 우수한지를 진검 승부로 겨루는 내용이었다. 결과는 예상과 크게 다르지 않았다. 수술 후 6주가 지나 평가한 배뇨 기능과 발기력(전립선 절제술의 가장 큰 합병증은 소변을 제대로 못 보는 증상과 발기 부전이다)은 로봇 수술군과 기존 수술군 사이에 차이가 없었다. 암 세포를 완전히 절제하는 성적의 차이도 로봇 수술이 기존 수술보다 우수하지 않았다.[7] 이 결과는 진검 승부(무작위 대조군 임상 시험)가 아닌 다양한 방법으로 로봇 수술을 옹호하는 논문이 나오고 있는 지금까지도 반박되지 않고 있다.

　미국 스탠포드대학에서 수행한 연구에서는 2만 4000명의 신장암 환자를 대상으로 기존 복강경 수술과 로봇 수술의 신장 절제술 성적을 비교했다. 여기서는 합병증과 입원 기간에서 두 방법의 차이는 없었고 수술 시간은 로봇 수술이 더 길었으며 비용은 로봇 수술이 환자당 2700달러 더 비싼 것으로 발표되었다.[8] 2017년에 발표된 이 결과 역시 지금까지 반박되지 않고 있다. 이렇게 세계 최고의 권위를 인정받는 학술지들에서 로봇 수술이 돈값을 하는 것은 고사하고 기존 방법에 비해 월등히 나은 점이 없다는 논문들이 나옴에도 로봇 수술은 전문성을 쉽사리 뛰어넘는 자본 논리에 의해 대세가 되고 있다.

　스탠포드대학의 연구에 따르면 로봇 수술 비용이 기존 복강경 수술에 비해 2700달러밖에 비싸지 않은 이유는 미국의 복강경 수술 수가 자체가 높기 때문이다. 단돈(!) 2700달러 차이에도 불구하고 미국이 다른 국가들에 비해 로봇 수술의 범람에 고민을 하는 것을 보면 이윤과 자본 논리에 취약한 사회가 의료를 고비용으로 몰아가는 모습을 볼 수 있다.

미국에서 일어나는 일,
한국에서 일어날 일

미국은 우리나라와 달리 전문약이나 의료 기기의 광고가 허용되기 때문에 회사들의 공격적인 마케팅에 따라 환자의 수요가 창출되는 경우가 있다.[9] 로봇 수술도 예외가 아니어서 "최첨단 수술 기법", "꿈의 치료"라는 식으로 선전되는 로봇 수술의 광고를 보고 환자들이 직접 의사에게 로봇 수술을 요구하는 일이 많고, 만일 그 병원에 로봇 수술 장비가 없으면 다른 병원으로 옮기는 일도 생긴다. 만일 미국의 민간 의료보험회사들이 로봇 수술의 수가를 고가의 기계값을 감안하여 더 높이 책정해주었다면 로봇 수술은 지금보다 훨씬 더 만연했을 테지만, 많은 민간보험회사는 기존 수술보다 로봇 수술 수가를 더 많이 지불하기를 거절한다. 지금까지 나온 성적으로 보면 당연한 일이다.

그러다 보니 20억 원이 훌쩍 넘는 로봇을 들여온 병원들은 손해를 볼 지경이 되었고 그 손해를 물량으로 충당하는 수밖에 없는 상황에 몰리게 되었다. 기계 도입 후 손익 분기를 넘으려면 첫 6년간 150~300건의 수술을 시행해야 한다는 것은 불문율처럼 되어 있었다. 당연히 병원들의 로봇 수술 광고는 점점 더 공격적이고 무분별하게 이뤄졌고 로봇 회사가 제공하는 문건을 그대로 광고에 올리는 사태가 생겼다. 이를 두고 '스켑티컬 스컬플'Skeptical Scalpel(의심하는 칼잡이, 정도로 번역이 된다)이라는 필명으로 인기를 모으는 미국의 의사 블로거는 "의료 광고가 허용되면서 의사의 전문성이 훼손되기 시작했다"라며 장탄식을 했다. 병원 경영진들이 앞장서서 의사들에게 로봇 수술을 종용하는 일이 벌어지는 것도 이런 현실을 감안하면 이상한 일이 아니다.

그런 가운데 로봇 수술에 충분히 숙달되지 않은 의사에 의한 사고도 빈번히 일어났다. 고도의 숙련을 요하는 복강경 수술처럼 로봇 수술도 충분한 시술 경험이 있어야 좋은 성적을 보장할 수 있는데, 단 세 건의 수술만 하면 로봇 수술 자격 인증을 부여하는 병원들도 있었다. 심지어는 회사가 병원에 로비를 해서 수술 자격 인증 조건을 완화하게 만들기도 했다. 이런 상황에서 2013년에는 자격이 충분하지 않은 의사가 시행한 수술로 피해를 입은 환자들이 로봇 회사인 인튜이티브 서지컬을 상대로 소송까지 제기했다. 지금까지 로봇 수술의 저조한 성적은 숙달되지 않은 의사들이 수술을 했기 때문이라는 주장도 제기되고 있으나 근거는 확실하지 않다. 기준이 되는 복강경 수술이 도입된 후 개복 수술과 비교해서 탁월한 우수성이 입증되는 데에는 20년밖에 소요되지 않았으나, 로봇 수술이 도입된 2000년 이후 20년이 지난 현시점까지 로봇 수술의 탁월성은 의문시되고 있다. 그럼에도 매년 로봇 수술의 증가율은 16퍼센트에 육박하며 그 기세는 꺾이지 않고 있다.

결과에 대한 끊임없는 의문, 보험회사의 지불 거절, 심지어 소송이라는 삼각 파고를 버티며 어떻게 로봇 수술은 성장세를 이어가는 것일까? 답은 시장 확장에 있다. 로봇 수술이 처음 도입된 것은 심장 수술 분야였으나 시장 확장이 용이하지 않았고 산부인과 수술에서도 성장이 쉽지 않았다. 돌파구는 전립선 수술이었지만 전립선암만으로는 성장세를 이어나가기 역부족이었다. 당연히 다른 영역에서도 로봇 수술의 가능성을 타진해야 했는데 놓칠 수 없었던 것이 갑상선 절제술이었다.

갑상선 절제술은 갑상선을 절제하는 과정에서 출혈이나 신경 손상의 위험이 따르는 고위험 수술이어서 대부분의 의사들이 내시경이 아닌 절개술을 선호하고 있다. 그러나 다빈치 로봇의 개발사는 2013년도 보고서에 다음과 같이 기술했다. "갑상선을 절개해서 수술을 하게 되면 목 앞에 큰 상처가 남게 된다. 지금 아시아의 외과 의사들은 다빈치 로봇을 이용해서 겨드랑이로 접근하는 방식으로 흉터가 남지 않는 수술을 하고 있다."

여기서 거론된 아시아 국가는 한국이었다고 보아도 크게 틀리지 않을 것이다. 그 시기 한국의 폭발적인 갑상선암 수술 증가는 마케팅을 하는 외국 회사의 입장에서는 흘려버리기 어려운 기회였을 것이다.

수술 성적은 어떨까? 우리나라 연구진들이 발표한 2015년의 보고에 따르면 로봇 갑상선 수술은 출혈량이 적고 연하장애(음식물을 삼키기 어려운 증상)와 같은 합병증이 적으며 미용적인 만족도가 높은 것으로 되어 있다. 반면 절개 수술은 수술 시간이 짧고 암 전이 여부를 확인하기 위한 림프절을 살펴보는 것이 더 용이했다. 비용에 대한 언급은 없고, 결론은 더 많은 데

이터가 필요하다는 것이었다.[10]

이후 8년이 지났지만 아시아 지역에서의 산발적인 논문 외에 더 이상의 데이터는 없는 실정이다. 이 이야기는 우리나라 갑상선암의 폭발적인 증가와 연계해 다시 생각해볼 문제이다. 갑상선암 못지않게 과잉 진단의 도마에 오르는 것은 공교롭게도 전립선암으로 로봇 수술을 마케팅하는 영역에서 중복이 된다. 일부 미국 의사들은 로봇 수술이 반드시 필요하지 않은 초기 전립선암 환자에게 전립선 절제술을 받도록 만드는 유인으로 작용하지 않을까 우려하는 목소리를 낸다.


### 로봇 수술 3000례 돌파!

국내 최대 검색 엔진 네이버와 다음에 "로봇 수술" 검색어를 입력하면 다음과 같은 내용이 첫 창에 올라온다.

"전립선 암 이겨내는 로봇 수술", "로봇 수술 어디가 잘할까요?", "×× 병원 1년 만에 로봇 수술 ○○○례 돌파."

비판적인 내용은 없고 균형 잡힌 내용조차 찾기가 힘들다. 네이버 지식인에 로봇 수술 관련 질문을 올리는 경우에도 답변의 거의 대부분은 로봇 수술을 칭찬하는 쪽이다. 드물게 로봇 수술에 대해 비판적인 정보를 보면 전문성이 없고 아예 수술 대신 민간요법을 권하는 내용으로 흘러 신뢰성이 떨어진다.

구글에 "robotic surgery"를 입력하면 첫 페이지에 "로봇 수술은 얼마나 안전한가?", "로봇 수술은 무엇이고 어떻게 하는 것인가?", "로봇 수술의 장점은 무엇인가?", "로봇 수술의 비용은 얼마인가?", "로봇 수술의 성공률은 얼마인가" 등 환자가 정말 궁금해하는 내용이 Q&A 형식으로 열거된 후 병원 등에서 올린 로봇 수술 정보가 뒤따른다. Q&A의 답변 부분을 보면 "병원에서는 수익을 위해 권하는 경우가 있지만 의사들은 꼭 권하지는 않는다", "로봇 수술은 혁신인가 바가지인가?"와 같이 비판적인 내용을 많이 볼 수 있다.

이것을 보면 우리나라의 검색 엔진이 의료 정보를 제공하는 데 얼마나 균형을 잃고 있는지를 알 수 있다. 환자들이 가장 먼저 정보를 접하는 인터넷 검색 엔진이 이러하고 가장 신뢰를 가지고 정보를 구하는 병원에서 플래카드를 나부끼며 선전을 하면 이미 게임은 끝난 것이나 다름이 없다. 의사들은 무엇하고 있느냐고 묻는 분들이 많겠지만, 불행하게도 대한민국에서는 병원이 의사의 자율성을 침해하면서 수익을 내는 진료를 강요한 역사는 상당히 길고 그 정도는 갈수록 심해지고 있다.

병원도 할 말이 없지는 않다. 미국처럼 전통적인 복강경 수술의 수가가 상당히 높은 나라에서도 로봇의 약진을 막지 못하고 있기 때문이다. 미국의 복강경 전립선 절제술의 수가는 2012년 기준 평균 3만 4720달러로 우리나라의 로봇 수술 비용보다 훨씬 더 비싸다(우리 나라의 로봇 수술비는 500만~1200만 원이다. 비급여인데 실손 보험으로 충당하는 경우가 많다).[11] 그런데 10퍼센트도 안 되는 2700달러의 차이가 흐름을 바꾸는 것이다.

　의료수가가 높기로 악명 높은 미국이 아닌 유럽 국가들의 전립선 절제 수술 비용을 살펴보자. 역시 2010년대 초반 기준으로 5058달러에서 1만 1806달러인데 물가 수준을 고려해도 우리나라보다는 많이 높다.[12] 우리나라의 복강경 수술 수가는 2006년도에 23만 9000원으로 책정되어 11년간 동결 상태였다. 재료비의 3분의 1도 안 되는 수가이다.[13] 따라서 수가를 이야기하면 "이미 의사들은 배부르게 잘살고 있는데 수가가 뭐가 문제란 말이냐?" 하는 식의 감정적인 반응을 마주하게 되는데, 이 경우 많은 것을 놓치게 된다.

　이미 우리나라의 의사들은 봉직의가 절반 이상을 차지한다. 자신의 수입을 병원의 처분에 맡겨야 하는 입장이 되는 의사가 대다수인 상황인데 병원이 어떤 식으로 수입을 배분할지에 대해서는 누구도 감시하지 않는다. 즉 병원 맘대로 정하게 되어 있다. 병원에서는 "의료보험 수술 수가가 너무 낮아서 수술을 하면 할수록 적자만 난다"라는 말을 한 지도 아주 오래되었다. 하지만 보험 수가로 수술을 하는 것이 병원 경영에 적자가 된다는 말이 정확한 사실인지 누구도 제대로 들여다본 적은 없다. 외국의 사례에 비추어 보면, 그리고 수술에 투입되는 인력에 대한 보상을 고려하면 적자가 난다는 말이 사실일 것 같기는 하다.

　이런 상황에서 일거에 열 배의 수입을 올릴 수 있는 방법이 생겼다면 병원들은 당연히 경쟁적으로 기계를 들여오고 내

켜하지 않는 의사들에게 다양한 방법으로 압력을 가해 로봇을 이용하게 할 것이다. 의료보험이 적용되지 않기 때문에(문재인 케어를 시행하면서 급여의 문턱까지 갔다가 불발되었다) 지불할 능력이 없는 환자들이야 어쩔 수 없지만 이미 그 정도의 비용을 지불할 수 있는 환자들도 많은 것 같다. 결국 분위기를 만들고 선전을 하기 나름이다.

이미 인터넷 포털은 의료 광고의 장이 된 지 오래이기 때문에 환자와 전문인 사이의 정보 불균형이 큰 상황에서 환자에게 왜곡된 정보를 제공하는 것은 어렵지 않다. 이런 현실이 환자들이 병원 로비에서 마주치게 되는 "로봇 수술 3000례 돌파"의 진실이다. 작금의 로봇 수술 열풍은 제대로 된 비용 분석 없이 책정된 보험 수가, 90퍼센트가 사유 재산인 병원 경영에 대한 완전한 수수방관이 자본주의와 만난 결과이다. 미래는 별로 밝지 않다.

2017년에 열린 3차 상대가치 위원회에서 외과 의사들은 로봇 수술의 급여화보다는 복강경 수술 수가의 현실화가 우선순위임을 분명히 밝혔다. 지금과 같은 수가 불균형이 존재하는 한 고전적인 방법으로 수술을 하는 의사들은 점점 더 설 자리가 없어질 것이고 미래의 의사들에게 고전적인 수술 방법을 가르칠 동인도 없어지기 때문이다. 많은 외과 명의가 로봇 수술을 권하지 않는 현실을 고려한다면 비극이다.

머지않아 복강경 수술을 로봇으로만 배운 의사들이 의료 현장의 대다수가 되면 이전의 수술 방법은 자체적으로 멸종하겠지만, 그 과정에서 의사들이 '돈만 안다'는 불신의 덤터기를 쓰는 것 또한 막을 수 없을 것으로 보인다. 의사들이 막대한 투자 비용이 들어가는 로봇을 구입할 수 없어 자본가에게 종속되는 것은 덤이다.

# 멋진 신세계

나는 너보다 왓슨을 믿어

로봇 수술에 이어서 일부 병원에서는 플래카드를 붙이고 왓슨으로 대표되는 AI 도입을 선전하는 모습도 볼 수 있었다. 사실 해당 병원의 의사들은 불만이 컸다. 수술 로봇과 마찬가지로 병원 경영자 독단에 의해 도입되는 경우가 대부분이었을 뿐 아니라, 마치 병원 측이 그 병원 의사들의 실력이 떨어지기 때문에 왓슨을 도입해서 약점을 보완한다는 뉘앙스가 느껴졌기 때문이었다. 의사들끼리는 왓슨을 도입한 순서대로 "경영자가 교수 수준을 얕잡아 보는, 믿을 수 없고 가면 안 되는 병원"이라는 농담도 했다.

왓슨이 첫 선을 보인 분야는 종양학이었는데, 이 분야에서 나타난 임상 연구의 난맥상 때문이었다. 새로 개발되는 항암제는 많고 환자들의 상황은 제각각이어서 통일된 임상 연구 데이터를 갖기 어려웠고, 그러다 보니 의사들이 각 환자에게 어떤 항암제를 처방하는 것이 최선인지를 결정하기가 매우 힘들었다. 항암 치료가 암의 종류(위암? 대장암? 유방암?), 병기(암의 진행 정도), 조직학적 특징 등 비교적 단순한 변수들에 의해 결정되었던 과거에 비해 최근에는 유전자 검사 소견까지 변수로 도입되면서 상황은 아주 복잡해졌다. 선택할 수 있는 항암제의 가짓수도 거의 기하급수적으로 늘어났고 최적의 치료를 결정하는 임상 시험들의 결과도 우후죽순으로 생겼다.

종양 내과 의사들이 새로 나오는 임상 연구 데이터를 따라잡기가 어려운 상황이 되었을 때 왓슨이 등장했다. 왓슨은 보통의 인간이 도저히 소화할 수 없는 방대한 문헌을 탑재하고 각각의 환자에 해당하는 조건을 입력했을 때 최선의 치료를 제시한다. 이것이 왓슨의 기본 원리이다.

그런데 최선의 치료는 무엇일까? 부작용이나 삶의 질과는 무관하게 무조건 오래 사는 것일까? 이것부터가 애매해지기 시작한다. 일반인들이 왓슨에 대해 오해하는 내용들을 다음과 같이 바로잡을 수 있다.

① 왓슨은 사람의 도움이 없이는 아무것도 할 수 없다.

왓슨이 최적의 치료를 제시하기 전 왓슨에는 환자의 정보가 입력되어야 한다. 이 정보를 입력하는 것은 물론 사람이고 정보를 창출하는 것도 인간 의사의 일이다. 이 과정에서 잘못된 정보를 입력하는 경우 당연히 이상한 답이 나온다. 데이터를 다루는 사람들에게는 금과옥조의 금언이 있다. "쓰레기를 넣으면 쓰레기가 나온다."

② 왓슨은 이미 데이터가 존재하지 않는 상황에서는 아무런 답을 하지 못한다.

입력된 환자의 정보를 바탕으로 왓슨은 탑재된 문헌과의 대조를 통해 해당 환자에서 최적의 치료를 결정한다. 일반적으로 6~7개 정도의 항암 치료를 선택 후 추천, 고려, 비추천으로 분류를 하여 제시한다. 그러나 해당 환자와 같은 조건의 임상 시험 데이터가 적은 경우 정확도는 현저히 떨어진다. 또한 치료 옵션이 많아도 정확도는 떨어진다.

③ 왓슨 정확도의 기준은 인간 의사이다.

흔히 왓슨이 인간보다 더 정확한 판단을 할 것이라고 기대하지만 왓슨의 정확도가 95퍼센트라는 말은 암 환자 100명 가운데 왓슨이 95퍼센트의 환자에서 인간 의사와 같은 답을 냈다는 의미이다. 즉 정답은 인간 의사(정확도 100퍼센트)이다. 그동안의 언론 보도를 보았다면 '인간 의사의 정확도는 50점쯤 되고 왓슨은 90점이 넘으니 인간보다 왓슨이 우월하다'고 잘못 생각하기 쉽다.

④ 왓슨의 판단을 의사의 결정 없이 환자에게 적용하는 것은 불법이다.

임상 시험을 거친 안전성·유효성 데이터가 없이 왓슨의 판단을 환자에게 바로 적용하는 것은 의료법 위반이다. 사고가 나는 경우 책임도 인간 의사가 져야 한다. 그럴 가능성은 희박하지만, 만일 왓슨이 인간 의사를 대체해서 처방을 하는 경우 여러 가지 곤란한 사정이 생길 수 있다. 문제가 생겼을 때 책임은 누구에게 물을 것인가? 왓슨을 도입한 병원에? 허가를 해준 정부 기관에? 왓슨에게 손해배상을 청구할 수는 없다.

⑤ 왓슨의 답이 어떻게 나왔는지는 아무도 모른다.

이것이 가장 무서운 점이다. 대부분의 인공지능 알고리즘과 마찬가지로 왓슨이 어떤 약제를 추천하게 되는 과정은 투명하지 않다. 왓슨은 입력된 데이터에 의거하여 대략적으로 해당 환자와 가장 비슷한 환자들에서 시행된 임상 시험 데이터를 기반으로 추천 약제를 결정한다. A 치료 95퍼센트, B 치료 89퍼센트 식으로 답이 나오고 그 값이 약속된 기준 수치 이상이 되면 추천으로 답을 한다. 문제는 95퍼센트, 89퍼센트가 어떤 원칙으로 도출되었는지 알기 어렵다는 점이다.

AI야, AI야

더 많은 돈을 벌게 해줘

이런 점들을 염두에 두고 대한민국의 의료 현장에서 왓슨이 어떻게 홍보되었는지 살펴보자. 2017년 왓슨 도입 당시 국내 언론들은 각 암종에 대한 왓슨의 정확도가 100퍼센트에 달한다며 대서특필했다. 왓슨에 같은 환자 데이터를 세 번 입력한 후 마지막에 사람 의사를 기준으로 한 진단 일치도가 몇 퍼센트까지 높아지는지를 보여준 데이터를 이런 식으로 보도한 것이다. 즉 처음 입력하면 50~60퍼센트 정도의 낮은 정확도를 보였으나 반복해서 세 번째 입력 후 사람 의사의 진단에 90퍼센트 이상 근접했다는 의미일 뿐이다. 앞서거니 뒤서거니 병원 홍보가 뒤따랐다. "A 병원은 왓슨 포 온콜로지 도입 이후 다학제 통합 진료에 접목하여 각종 암 진료에 보다 정확성을 기해 환자들의 만족도를 더욱 높이고 있다."

정확성에 대한 정보도 제대로 전달이 안 됐는데 환자 만족도가 높아진 걸 보면 왓슨도 대단한 플라세보 효과placebo effect(위약 효과)가 있는 것 같다. '왓슨이 들어온 병원에서 치료받고 있다'는 근거 없는 만족감과 후광 효과로밖에는 설명이 안 된다. 그런 가운데 왓슨 도입에 적극적이었던 한 병원은 대장암 환자 656명에 왓슨을 적용한 결과 일치 비율이 49퍼센트에 그친 것으로 보고했다. 그럼에도 불구하고 이 병원의 암 환자 진료 건수는 왓슨 도입 홍보 후 크게 늘었다. 한술 더 떠 환

자들을 대상으로 한 설문에서 인간 의사와 왓슨의 불일치가 있
는 경우 왓슨을 신뢰한다는 답이 나왔다.

그러나 왓슨에 대한 열광은 달아오른 속도보다 더 빨리 식
었다. 2019년 IBM과 함께 왓슨 개발에 참여한 미국을 대표하
는 암 병원 MD 앤더슨MD Anderson은 왓슨 투자 비용을 감당하
지 못하고 손을 털었다. 미국에서는 왓슨이 위험한 결정을 내
렸던 사례들이 보도되면서 왓슨에 대한 과신에 경고음을 냈다.
2017년 왓슨을 도입했던 한국의 병원들 중 다수는 2019년 재
계약을 하지 않기로 결정했다. 화순 전남대병원 관계자는 "왓
슨을 도입했지만 생각만큼 활용하고 있지는 않다"라면서 "왓슨
을 이용한 진단보다 그간 (병원에) 쌓인 환자들의 데이터를 기
반으로 한 진단이 더 훌륭하다는 생각이 든다"라고 말했다.[14]

의료공공성에 대한 정부의 의지와 능력이 박약한 경우 의
료 AI는 극단적으로는 살상 무기가 될 가능성도 있다. 반드시
생명을 살상할 필요는 없다. 의료 재정을 파탄내면 생명은 위
험해진다.

암 진단을 예로 들면 검사상 이것이 암 세포인지 아닌지를
명확하게 판정할 수 없는 경우가 있다. 유방암이나 폐암의 경
우 1차적으로 조직에 검사용 바늘을 집어 넣어 세포를 채취해
서 암 여부를 판정하는데 많은 경우 "판정 불가"indeterminate 소
견이 나온다. 확실한 답을 얻고 싶은 경우 좀 더 크게 절개를 해
서, 즉 수술을 해서 조직을 들어내거나 시간을 두고 지켜보거
나 하는 선택을 해야 한다. 시간을 두고 지켜보는 쪽을 선호하

는 사람들이 많을 것 같지만 의외로 수술을 선택하는 사람도 적지 않다. '암'일지 모른다는 불확실성을 견디기 힘들기 때문인데 세포 병리 판독은 요즘 AI를 도입하기 위해 왕성한 연구가 이루어지는 분야이다.

만일 AI의 알고리즘을 '판정 불가'에서 조금만 더 '악성'이 많이 나오도록 조정하는 일이 생긴다면(여러 판정 의사 중 악성 판정을 많이 내리는 의사의 데이터를 선택적으로 많이 입력하면 된다) 사람 의사가 판독하는 경우보다 더 많은 사람이 악성 판정을 받을 수 있다.

이미 AI 판독 프로그램이 나와 있는 흉부 방사선 촬영의 경우를 보자. 2022년 서울대학교 병원에서 발표한 연구 결과에 따르면 AI는 인간 의사보다 정상 음영과 차이가 있는 부분을 기계적으로 더 많이 잡아낼 수 있지만, 인간 의사가 최종적으로 한 번 더 판단하지 않고 AI만으로 진단을 내리는 경우 의미 없는 이상 소견을 잡아내는 경우가 열네 배 이상 높았다.[15] AI가 잡아낸 이상이 반드시 중대한 질병을 의미하진 않을 수 있지만, 당연히 확인을 위한 추가적인 검사는 늘어날 수밖에 없다. 인간은 불확실성을 잘 견디지 못하는 존재이기 때문에 검사로 심각한 질환을 잡아내야 한다는 강박관념을 가지기 쉽고, 중요하지 않은 소견까지 포착해서 물적·심적 손해를 보게 되는 문제는 대수롭지 않게 넘어가는 경우가 많다. 이 과정에 수요 창출과 지속 성장이라는 동기를 가지는 병원 자본이 개입한다면 어떤 일이 생길지 예측하는 것은 그리 어렵지 않다.

2022년 말 Open AI는 챗GPT를 출시하며 전 세계에 충격을 주었다. 인간의 언어를 천연덕스럽게 구사하면서 인간과는 비교가 되지 않는 방대한 지식을 순식간에 동원할 수 있는 이 인공지능은 사람들의 정신줄을 빼놓았다. 초기에는 자신을 사람인 것처럼 착각하는 듯한 '환각' 현상이 나타나는 등 문제점을 보였지만, 프로그램의 개선 속도 역시 정신없이 빨라서 최근 발표된 챗GPT-4는 그런 초기의 문제점을 모두 개선했다. 한 번도 경험하지 못한 이 신기술에 위협을 느끼지 않는 직종은 거의 없었고 의사들을 좋아하지 않는 어떤 사람들은 의사가 없어질 것이라는 예측을 하며 즐거워하기도 했다. 그러나 챗GPT를 의료에 사용했을 때 예상되는 문제점은 AI 방사선 촬영이나 암세포 검사, 그리고 정밀화되는 의료 기기의 문제와 크게 다르지 않다.

"나는 만성 기관지염 환자입니다. 오늘 숨이 좀 차네요. 어떻게 하지요?"

**챗GPT:** 만성 기관지염의 급성 악화일 수 있습니다. 일상적인 수준보다 더 숨이 찬지, 기침이 더 많이 나오는지, 가래 양이 많아졌는지 확인해야 합니다. 숨 쉴 때 쌕쌕거리는 소리가 나는지, 가슴이 답답하거나 불편감이 있는지, 가래의 색깔이나 끈끈한 정도가 변했는지도 살펴보세요. 평소보다 기관지 확장제를 더 쓰게 되었는지 피로가 심해졌는지 손발 끝이나 입술이 파랗게 되었는지도 확인하세요. 이런 증상들이 있으면 병원에 가서 의사에게 진료를 받아야 합니다.

챗GPT-4가 증상을 호소하는 환자에게 하는 답변의 예이다. 의사와는 이렇게 대화할 수 있다.

"만성 기관지염 환자가 숨이 차서 왔는데 급성 악화가 의심됩니다. 무슨 검사를 해야 할까요?"
챗GPT: (급성 기관지염 악화에 필요한 검사들을 모두 열거한다.) 그리고 다른 문제일 수도 있습니다. 대표적으로 울혈성 심부전이나 폐 색전증이 급성 기관지염 악화와 비슷한 증상을 보입니다. 이들 질환을 배제하기 위한 검사들도 필요합니다. (각각의 질환에 필요한 검사를 모두 열거한다.) 드물지만 폐암, 심근 경색도 비슷한 증상이 나올 수 있습니다. 이들 질환을 배제하려면 필요한 검사는…

실력 있고 임상적인 경험이 많은 의사라면 환자를 면밀히 살피고 필요한 검사를 선별해서 시행하겠지만 우리나라의 진료 현실은 이미 그렇게 작동하지 않는다는 것을 앞에서 여러 예를 들어 설명했다. 챗GPT가 의료에 도입이 되고, 챗GPT의 의견이 구속력을 가지게 되는 순간 어떤 일이 벌어질지 예측하는 것은 어렵지 않다.

현재 AI와 기계 학습 개발의 주도권은 경제적인 동인을 강하게 가지는 주체들이 쥐고 있고 그 작동 기전은 극소수의 사람들에게만 알려져 있다. AI를 지배하는 자들이 보이지 않는 손을 휘두르며 "AI야, AI 야. 더 많은 돈을 벌게 해줘"라는 주문을 외우는 것을 상상하는 것이 이상하지 않은 이유이다.


## 기술 중독 시대의
## 슬기로운 의료 이용

마이크로소프트 인도 연구소 공동 창립자인 켄타로 토야마 Kentaro Toyama는 기술이상주의를 비판한 저서를 출간했는데, 이 책의 한국어판이 『기술 중독 사회』Geek Heresy라는 제목으로 출간되면서 '기술 중독'이라는 말이 널리 퍼지게 되었다. 이 책은 도구에 불과한 기술이 맥락 없이 남용되는 여러 현실을 비판하며 기술 개발에서부터 기술을 사용하기까지 전 기간에 걸쳐 핵심적인 역할을 하는 '인간'이라는 주체를 간과해서는 안 된다는 점을 일깨운다.

우리나라 의료 현장에서 바라본 무비판적인 최첨단 의료 기술 도입의 문제를 다양한 검사와 치료 방법을 중심으로 살펴보았지만 의료 기술은 중립적인 것으로 그 자체가 옳고 그름이 있을 수 없다. 우리가 경계해야 하는 것은 새로 도입되는 많은 의료 기술이 실제적인 효능보다 항상 과대 선전되는 면이 있고, 그런 과대 선전에는 강력한 경제적인 동인이 깔려 있다는 측면이다. 이어질 신약을 다루는 장에서도 언급하겠지만, 이런 의료 기술 중독의 메커니즘은 신기술 개발 → 이득에 대한 과장 → 가격 상승의 경로를 거쳐서 진행되고 증폭되며, 정보가 불충분한 비전문가들은 그러한 기술 주체들의 주장을 고스란히 받아들이게 된다.

　우리가 특히 관심을 가지고 들여다보아야 하는 측면은 '이득에 대한 과장'이다. '최첨단'이나 '혁신'이라는 말이 '열려라 참깨'처럼 의료 재정 곳간을 여는 마술의 주문이 되는 것을 우리는 항상 경계해야 한다. 이렇게 신기술 위주로 재정이 쏠리는 경우 인간의 가치가 최우선이 되어야 하는 의료는 쉽게 왜곡된다. 기술을 어떻게 이해하고 받아들일지에 대해서 사람들마다 생각이 같을 수가 없는데, 그런 맥락은 쉽게 무시되는 결과를 가져올 수 있기 때문이다. 발달된 의료 기술이 사람들이 삶을 사랑하고 행복하게 살 수 있게 하는 방향을 지향하는지도 깊이 고찰해야 한다. 너무나 당연한 이야기지만 의료 재정이 기술 부문 중심으로 감당할 수 없이 늘어나게 되는 것은 사회를 더 나은 방향으로 변화시킬 수 있는 다른 부문의 재원을 전용하는 결과를 가져온다.

# 약값 괴담

+

③

가치는 그 자체가 가치이기 때문에

가치를 낳는다는 신비스러운 성질을 얻었다.

— 카를 마르크스, 『자본론』

# 혁신과 협박

### 할머니를 패자

세상을 더 나은 곳으로 만들 수 있다는 신념을 가지고 갭마인 더 재단을 설립한 스웨덴 의사 한스 로슬링Hans Rosling의 저서 『팩트풀니스』에는 "할머니를 패자고?"라는 인상 깊은 장이 있다. 스웨덴의 의과대학에서 강의를 하던 로슬링은 제약 회사가 비싼 약값을 책정하는 문제를 학생들과 토론하면서, 이를 어떻게 해결하면 좋을지 학생들에게 의견을 말해보라고 했다. 정의감에 충만한 젊은 학생들은 제약 회사의 부도덕함과 탐욕에 대해 비난을 퍼부었고 다양한 방법으로 벌을 주어야 한다는 의견을 제시했다. 로슬링은 학생들의 이야기를 다 들은 후 제약 산업의 작동 방식에 대해 설명했다. 그리고 왜 제약 산업이 가장 안정적인 투자 대상이 되는지도 이야기했고, 결국 은퇴한 노인들이 가장 선호하는 주식이 왜 제약 회사 종목인지 그 이유까지 말해주었다. 학생들은 경청했다.

"여러분들도 가끔 할머니에게 용돈을 받지요? 더 이상 일을 하지 않는 할머니가 여러분에게 용돈을 줄 수입원이 되는 것이 무엇인지 잘 생각해봐야지요."[1]

결국 자본주의 사회에서 '탐욕'의 작동 방식이 얼마나 복잡하고 다양한 주체에 영향을 미치는지를 잘 보여주는 예이다.

최근 미국에서 소아암 치료제인 빈크리스틴의 전국적 품귀 현상이 발생했다. 주기적인 항암 치료를 위해 이 약을 꼭 써야 했던 환자들과 그 가족들은 패닉에 빠졌고 방송 매체에서 이 현상을 대서특필하기도 했다. 하지만 누구도 그 원인이 무엇이었는지는 정확히 집어내지 못했다. 모든 사람이 개발 연도에 따라 천정부지로 높아지는 고가약을 생산하는 것과 5달러에 지나지 않는 이 오래된 약을 생산하는 데 수지 타산의 차이가 작동하고 있지 않을까 의심했지만 증명은 하지 못했다. 빈크리스틴 품귀 사태는 전국적인 물의를 빚은 후 해소가 되었지만 자본의 법칙이 지배하는 세계에서는 언제든지 같은 일이 반복될 수 있다. 고령화 사회가 되면서 많은 사람이 배가 부를 정도로 많은 약을 먹고 있는 지금, 고가약 그리고 여기에서 파생하는 문제들을 들여다보자.

## 한 해에
## 5000퍼센트 넘게 오른 약값

우리나라는 약값이 매우 싼 편이다. 일본 여행 중 머리가 아파서 타이레놀을 샀는데, 우리나라보다 다섯 배 정도 비싸서 놀랐던 기억이 있다. 일반약만 싼 것이 아니고 고가의 신약들도 외국에 비하면 비교적 가격이 저렴한 편이다. 건강보험 심사평가원이 약값 협상하는 데에는 타의 추종을 불허할 정도로 능력이 있다고 알려져 있어 'HIRA'Health Insurance Review & Assessment Service(건강보험 심사평가원의 영문 약자)라고 하면 외국 제약 회사들도 손사래를 칠 정도라 한다. "도저히 그 값에는 못 판다"라며 당장 협상을 접을 것처럼 하다가도 결국에 약제를 들여와서 파는 것을 보면 실제로 마진이 얼마나 남는 것인지 궁금해지기도 한다.

세계에서 의료비가 가장 비싼 나라인 미국은 세계에서 약값이 가장 비싼 나라이기도 하다. 약값을 협상하는 중앙 기구가 없기 때문에 일어나는 일인데 국가가 의료의 공공성을 방기한 결과이다. 얼마 전 미국에서 일어났던 일련의 사태는 자본주의 사회에서 국가가 의료에 개입하지 않으면 어떤 일이 벌어질 수 있는지를 잘 보여준다.

통풍과 베체트병의 치료제로 쓰이는 콜히친이라는 약이 있다. 우장춘 박사가 씨 없는 수박을 만들 때 사용했던 약제로, 그 역사는 크로커스 추출물로 관절염 치료에 썼다는 기록이 있는 기원전까지 거슬러 올라간다. 미국에서는 1961년도에 사용하기 시작했고 한 알에 10센트 정도의 가격에 구입을 할 수 있었다. 그런데 2006년도에 FDA가 공인되지 않은 약제의 사용을 제한하는 '비공인 약제 발의'unapproved drug initiative 프로그램을 발동하면서 전혀 예상하지 못한 문제가 생겼다. 콜히친의 약값이 한 알에 9센트에서 4.85달러로 5000퍼센트가 넘게 오른 것이다. 이 프로그램은 FDA의 기준에 맞을 정도로 안전성 데이터가 충분히 구비되지 않은 약제의 사용을 제한함으로써 약제의 안전성을 강화하기 위한 정책이었지만 예상치 못한 결과를 가져왔다.

콜히친과 같이 오래된 약제들은 현대 의학의 승인 기준을 충족하는 임상 시험 데이터가 없는 경우가 많았다. 의사들은 굳이 임상 시험 데이터가 없어도 오랜 경험에 의해 효능과 안전성을 알고 있었기 때문에 이런 오래된 약제들을 처방하는 데 별 문제가 없었다. 기원전부터 쓰고 있던 저렴한 약제를 새삼스럽게 임상 시험을 할 이유도 없었다. 그런데 이 프로그램이 발동하자 시중에 나왔던 콜히친 정제들이 데이터 미비로 모두 사용이 불가능하게 되었다. 그런 와중에 이 약제를 만들던 필라델피아의 중소 제약 회사 URL 제약URLPharma은 임상 시험을 실시하고 FDA에서 요구하는 데이터를 모두 구비해서 제출한 후 콜히친을 신약으로 등록했다.

기원전부터 사용된 약제를 신약이라 하는 것은 상식적으로는 말이 안 되지만 그동안 없었던 임상 시험 데이터를 기준으로 FDA에서 인정해준 것이므로 절차상으로는 아무 문제가 없었다. 다른 회사들이 데이터 구비 절차를 밟느니 약 생산을 포기할 것을 예상한 절묘한 비즈니스 결정이었고, 경쟁자들이 모두 사라진 시장에서 URL 제약은 수천 년이 된 이 약제를 자신들이 원하는 가격표를 붙여서 팔 수 있는 독점권을 가지게 되었다. 회사는 FDA에서 요구하는 임상 시험을 시행하고 승인을 받기 위해 1억 달러의 비용이 들어갔고 그 가운데 절반 가까이가 FDA의 승인 과정 수수료로 들어갔음을 들어 가격을 올린 것이 정당하다고 주장했다. FDA는 URL 제약에 7년간 콜히친의 독점 판권을 보장해주었고 URL 제약은 시장에 남아 있던 타 회사들을 모두 사들이거나 소송으로 쫓아내고 콜히친 가격을 올렸다.

미국의 저소득층 의료보험 제도인 메디케이드는 콜히친 약값으로 매해 100만 달러를 내다가 졸지에 50배인 5000만 달러를 내는 처지가 됐다. 3년 후 URL 제약은 일본의 제약회사 타케다제약Takeda Pharmaceutical에 콜히친 판권을 8억 달러에 팔았고 타케다는 약값을 더 올려서 12억 달러의 수입을 거두었다.

콜히친의 사례는 많은 회사에게 영감을 주었다. 이후 오래전에 개발된 많은 복제약의 가격이 줄줄이 폭등하기 시작했다. 1960년대부터 여드름 치료제로 널리 쓰이던 항생제 독시사이클린은 6.3센트의 가격에서 3.36달러로 53배가 올랐고 역시 오래전부터 쓰이던 구충제 알벤다졸의 가격은 2010년도에 5.92달러에서 3년 만에 119.58달러로 20.2배가 올라 콜히친의 가격

급등을 뒤따랐다. 애거서 크리스티Agatha Christie 소설에서 맘에 안 드는 사람을 은밀히 죽이는 독약으로도 나오는 심장약 디곡신은 10배, 고혈압약 캅토프릴은 29배, 천식 치료제 알부테롤은 39.5배가 올랐다. 이들 약제는 FDA에서 요구하는 데이터를 제출해야 하는 의무 조항도 없고 시장에서 독점적인 지위를 차지하고 있지도 않은 오래되고 저렴한 약들이었다.

이런 극단적인 예가 아니더라도 2013년에서 2014년 사이 복제 약제 222종의 가격이 100퍼센트 이상 올랐다.[2] 어떻게 이런 일이 가능했을까? 그것도 오리지널 약에 비해 월등히 저렴한 가격으로 보건의료 지출을 줄이기 위해 승인이 된 복제약 시장에서? 보건 당국도 원인을 찾지 못하고 있었고 막연히 FDA의 규제가 엄격해지면서 공급자가 적어져서 생기는 수요 공급의 문제로 생각하고 있었다.

결국 사법 당국의 개입이 시작되었고 법무부의 수사 결과 복제약 회사들이 약값을 올리기 전 자기들끼리 수천 번 전화 통화를 나누며 가격 담합을 한 것이 밝혀졌다. 이런 불법 행위로 천문학적인 약제비를 지불해야 했던 주 정부들은 제약 회사들을 상대로 소송을 시작했다. 미국 연방 법원은 헤지 펀드 매니저 출신으로 복제약 가격을 5000퍼센트 올리는 과정에서 담합 혐의로 기소된 마틴 쉬크렐리Martin Shkreli에게 6400만 달러의 배상금과 제약업계 영구 퇴출 명령을 내리는 등 뒷수습에 나섰다. 그러나 이미 천문학적인 금액이 약값으로 지출된 이후였다. 제도가 보완되면서 복제약 시장의 담합을 막았지만 이후에도 메디케이드는 콜히친에 대해 이전보다 열 배가 넘는 약값을 지불하고 있다.


## 끝나지 않는 논쟁,
## 신약의 가격

개발 리스크가 없는 복제약 시장에서 이런 일이 일어났다면 부르는 것이 값일 수 있는 신약의 경우는 문제가 더 심각하다고 볼 수 있을 것이다. 실제로 신약의 가격은 최근으로 올수록 기하급수적으로 올라간다고 해도 과언이 아니다. 오죽하면 국가에서 앞장서서 신약 개발 사업을 나라를 먹여 살릴 기술로 추켜세우며 독려를 할까?

근래에 개발된 신약들의 가격을 살펴보자. 고가약의 대명사는 표적 항암제이다. 과거의 항암제가 효과보다는 부작용이 먼저 떠오르는 무차별 세포 살해 독극물 수준이었다면, 분자생물학적 지식이 축적됨에 따라 암 세포의 약점을 선택적으로 공략하는 표적 항암제는 암 치료의 신기원을 이룬 약제이다. 그러나 생사를 오가는 중한 질환의 대명사가 암이라는 것을 생각하면 뒷맛이 쓴데, 이 비용이 정말 온당한 가격인지 질환의 특수성 때문에 붙는 프리미엄인지 때로는 혼란스럽기 때문이다. 고가 항암제의 신호탄을 올렸던 만성 골수성 백혈병 치료제 글리벡의 가격은 월 132만 원 선이다.

미국의 장수 법정 드라마 〈로 앤 오더〉Law and order에서는 백혈병에 걸린 딸의 글리벡 급여를 인정하지 않는 보험회사 직원을 살해하고 재판을 받는 아버지의 이야기가 다루어진 적이 있다. 그 정도로 유명한 약제이다(이 드라마에서는 배심원들이 '정당방위'에 의한 무죄를 평결했다. 물론 드라마에서나 일어날 일이다). 이 약이 우리나라에 들어올 때에도 말이 많았는데, 약가를 낮추지 않고 여차하면 약을 안 팔겠다고 버티는 노바티스와 환우회가 한바탕 충돌했던 적이 있다. 월 132만 원이 큰돈이 아니라는 분들도 있겠지만 이 약을 수년씩 써야 한다고 생각하면 이야기는 많이 달라진다.

폐암 치료제 타세바 정의 가격은 월 170만 원, 림프종 치료제인 리툭시맙의 가격은 월 200만 원에 육박한다. 2000년대 이전에 개발되고 국내에서는 2010년 이전에 공인된 약제들의 예이다. 이후 약값은 점점 더 올라가는데 2014년 공인된 신경 내분비암 치료제 얼비툭스는 월 397만 원, 그리고 다발성 골수종 치료제 벨케이드의 가격은 월 400만 원이 넘는다.[3] 물론 건강보험 심사평가원이 있는 힘을 다해 협상을 한 덕분에 이 정도 가격으로 들여오는 것이고 외국에서는 이보다 비싼 가격에 판매된다.

최고가 약제는 2015년에 공인된 골수섬유화증 치료제 자카비 정으로 월 600만 원이지만 이 기록은 바로 깨질 것으로 보인다. 표적 항암 치료제는 하루가 멀다 하고 신약이 개발되고 있고 1년치 약값이 1억 원에 육박하는 폐암 치료제 키트루다의 급여 적용을 촉구하기 위해 7만여 명의 청와대 청원까지 올라갔다. 보통 사람들의 상상을 초월하는 이런 가격을 비웃듯 T 림프구 표적 항원 치료제 킴리아가 곧 시판될 전망이고, 이 약제는 의료비 지출의 선봉인 미국에서도 두 손 두 발 다 들 정도로 비싼데 1회 치료비가 37만~47만 달러, 한화로 5억 원이 넘는 가격이다.

정보화 시대인지라 암 환우회가 먼저 신약에 대한 정보를 입수하고 심사평가원에 다양한 압력을 가하기도 한다. 급여 인정을 받게 되는 경우 본인 부담금은 월 수십만 원 수준이지만 그것도 큰 부담이라 여기는 환자들도 많고 또 그런 현실이 사실이기도 하다. 하지만 이 약제들의 원래 가격을 알면 월 수십만 원은 돈도 아닌 것처럼 느껴지기까지 한다. 억대 치료약을 쓰는데 본인 부담금 수십만 원이 무슨 의미가 있을까 생각도 되지만 이 정도라도 부담이 있어야 약이 무분별하게 쓰이는 데 제동을 걸 수 있지 않을까 하는 의도도 깔려 있는 듯하다. 우리나라 직장인 평균 월 급여가 300만 원 선인 것을 생각하면 이들 항암제의 가격 수준을 좀 더 객관적으로 바라볼 수 있게 된다. 평균적인 한국인이 벌 수 있는 수입을 훨씬 상회하는 돈을 매달 약값으로 지불해야 하는 것이기 때문이다. 신약 사업이 미래의 먹거리 산업으로 부상한 이유이기도 하다.

나의 전문 영역에 속하는 관절염 치료제도 사정이 딱히 더 낫지 않다. 류마티스 관절염의 치료는 2000년을 기점으로 거의 혁명적인 변화가 있었다. 류마티스 관절염은 이전에는 진단

받으면 평생 약을 먹어야 하고 그렇게 약을 먹어도 여차하면 휠체어 신세가 될 수 있는 난치병의 대명사였는데, 이제는 약만 잘 쓰면 정상 기능을 유지할 수 있는, 완치는 아니지만 조절 가능한 병이 된 것이다. 많은 사람은 그렇게 된 것이 생물학적 제제라고 하는, 암 치료 영역에서 표적 항암제에 해당하는 신약 개발에 기인한 것으로 생각한다.

나는 거기에 완전히 동의하지는 않는다. 2000년경 생물학적 제제들이 새로 개발된 것은 사실이지만 동시에 치료 방법의 큰 전환도 있었기 때문이다. 즉 약을 투여해보고 반응이 없으면 이것저것 다른 약으로 바꿔보고 하는 방식의 치료에서, 환자의 염증 정도를 객관적으로 파악하고 여기에 맞춰 약을 처방하는 목표 지향적 치료로 치료 개념에 큰 변화가 생긴 것이다. 이때 생물학적 제제보다 조금 앞서 개발된 것이 레플루노마이드라는 약제였는데 기존 치료제에 이 약제를 병합해서 치료하면 효과가 매우 뛰어나다. 그러나 이 약제의 효능은 바로 이어 나온 고가의 생물학적 제제들의 공격적인 마케팅에 묻혀 큰 빛을 볼 수 없었다.

생물학적 제제들은 지금은 가격이 떨어지기는 했지만 도입 당시 월 치료비는 100만 원을 훨씬 넘었고, 류마티스 관절염 치료가 평생 지속되는 것을 감안하면 환자의 여명이 길지 않아 비교적 투여 기간이 짧은(!) 표적 항암제에 비해 잠재적인 약값 부담은 더 크다고 할 수 있다. 실제로 류마티스 관절염 치료제 가운데 하나인 생물학적 제제 휴미라는 금세기 최고의 블

록버스터 약제로 그 판매액은 2018년도에 190억 달러에 달했다. 그런데 왜 이렇게 신약은 점점 더 비싸지는 것일까? 생산 공정과 임상 시험 과정에 소요되는 비용 등 과학적인 설명을 다 떠나서, 가장 합리적인 설명은 시장이 그것을 용인하기 때문이라는 것이다.


## 혁신이라는 이름의 협박

2014년은 C형 간염 환자들에게는 생사를 가르는 중요한 사건이 일어난 해이다. 길리어드 제약이 C형 간염 치료제 소발디를 처음으로 출시했기 때문이다. C형 간염은 B형 간염과 함께 바이러스에 의해 발생하는 대표적인 만성질환이고 한번 감염되면 바이러스를 몸에서 퇴출시킬 방법은 없었다. B형 간염 바이러스와 마찬가지로 C형 간염 바이러스도 간세포 안에 자리를 잡고 들어앉으면 정상적인 인체의 항바이러스 면역 기전을 무력화시키는 다양한 방법으로 인체에 기생하면서 간경화, 간암 등 여러 가지 치명적인 결과를 가져온다. 보균자들이 이 불청객을 몸 안에 두면서 받는 고통은 이루 말할 수 없다.

소발디는 12주간 복용하면 보균자의 90퍼센트 이상에서 C형 간염 균을 청소해주는, 그야말로 획기적인 치료제였다. 그러나 문제는 역시 가격이었다. 환자당 치료비는 1억 원에 육박했고 C형 간염의 유병률이 높은 나라에서는 당장 재정 문제가 고개를 들었다. 소발디가 단지 여명을 몇 개월 늘리는 데 지나지 않는 고가 항암제들과 달리 완치를 가져오는 획기적인 치료제지만, 유병률을 고려하면 미국이나 영국에서도 보험 재정에 큰 부담을 가져올 것으로 추산이 되었다. 심지어 미국에서는 이 약제의 비싼 가격과 관련해 국회 청문회가 열리고 G7 정상회담에서 소발디의 비싼 약값이 의제로 떠오르기까지 했다.

급기야 공적 보험하에 환자들에게 개인 부담금을 물리지 않는 의료 시스템을 자랑하는 영국에서는 소발디의 급여를 제한하기로 결정했고, 이 결정은 사회적으로 엄청난 물의를 빚었다. 영국은 간 기능이 소실되고 기대 여명이 짧은 환자들에게 우선적으로 급여를 인정했고 그다음으로 간 질환이 중증으로 진행된 환자들에게 순차적으로 급여를 인정해 전체 5000여 명이 혜택을 입었다. 이 과정에서만 1억 5000만 파운드의 재정이 소요되었는데 영국의 C형 간염 보균자 수가 21만 명으로 추산되는 것을 감안하면 영국 정부의 고민이 이해가 된다. 신약의 높은 가격은 치료약이 없을 때와는 질적으로 완전히 다른 문제를 야기하고 환자들의 고통이 어떤 면에서는 더 증가되었다고 볼 수 있다. 즉 1억 원이라는 돈을 충당할 능력이 있는지에 따라 생사가 결정된다는 현실은 치료제가 전혀 없을 때의 고통보다 더 나은 느낌을 주지는 않을 것이기 때문이다.[4] 이 과정에서 신약에 높은 가격이 책정되는 메커니즘에 대한 치열한 논의가 불거졌다.

신약이 개발되었을 때 높은 가격에 대한 비판이 일어나면 제약회사들은 한동안 일관된 논거로 답변했다.

"개발 과정에 들어간 비용을 제대로 보상해주지 않으면 더 이상의 혁신은 없을 것이다."

공갈 협박에 가까운 말이다. 쉽게 말해서 "이런 좋은 약을 계속 공급받고 오래오래 살려면 잔말 말고 돈이나 잘 내시오"라는 뜻이기 때문이다. 그런데 신약의 개발에 들어가는 비용은 실제로 어느 정도일까?

신약의 개발 과정에서는 우선 치료 후보 물질의 도출이 진행되어야 한다. 지금도 세계의 수많은 대학과 연구소에서는 특정 질환을 치료할 수 있는, 다양한 물질의 효능을 검정하는 세포 실험과 동물 실험이 진행되고 있다. 이 과정에서 수천 수만분의 1의 확률을 뚫고 유망한 물질이 발굴되면, 이 물질은 대개의 경우 기업에 물질/기술 이전의 과정을 통해 양도가 된다. 이렇게 양도된 물질은 다음 단계로 사람을 대상으로 하는 임상 시험에서 그 효능과 안전성을 검증받아야 하는데 이 과정이 고위험 사업임에는 틀림없다. 임상 시험 중 생기는 모든 문제는 회사에서 책임을 져야 할 뿐 아니라 애당초 동물 실험에서 유망해 보였던 약이 인간에서는 효능이 아예 없거나 부작용이 매우 심해서 쓸 수 없는 것으로 판단되는 경우가 너무 많기 때문이다.

개발 과정의 비용 문제 때문에 업계에서는 보건 당국에 효능을 인정받는 데 필요한 과정을 가급적 간소화해줄 것을 요청하고 있고, 이것은 업계와 정부 기관 사이의 끝나지 않는 줄다리기의 형상을 하고 있다. 간소화의 의미는 임상 시험의 대상 수를 최소화하고 기간을 최단 시간에 마치는 것을 용인해달라는 의미인데, 이렇게 되면 당연히 약제의 안전성을 제대로 평가하지 못할 가능성이 크기 때문에 간단히 결정할 수는 없는 사안이다.

유념할 것은 약이 개발되는 첫 번째 단계인 후보 물질 도출이다. 이 과정은 대부분 국민의 세금으로 지탱되는 국가 연구비로 이루어지기 때문이다. 임상 시험에 들어가는 비용이 아무리 크다 하더라도 수많은 연구자가 국가 지원을 받아가며 수많은 밤을 새워 수많은 실패 끝에 결과를 도출하는 과정의 비용에 비교할 수는 없을 것이다. 한 예로 미국 국립 보건원에서 지원되는 연구비만 계산해도 1년에 수백억 달러에 달하고 이는 오롯이 미국 국민들의 세금에서 재원을 충당한다. 그렇다고 대학이나 연구소의 연구자들이 이 돈을 흥청망청 쓰면서 연구를 하는 것도 아니다. 이들은 자신들이 받은 교육과 들인 노력에 비하면 적은 급여를 받으며, 결과가 실패로 나오면 자신의 모든 것을 잃을 위험을 무릅쓰면서도 연구에 매진한다.

이렇게 해서 도출되는, 돈으로만은 가치를 따질 수 없는 귀중한 결과들은 비교적 저렴한 가격으로 업계에 넘어간다. 한편 업계에서 임상 시험을 진행하면서 발생한 비용과 약제의 제작 공정 등이 어떻게 원가에 반영되는지는 투명하게 공개된 적이 없다. 이 두 가지 사실을 감안하면 "혁신을 담보하기 위한 고가의 약값"이라는 논리는 근거가 약해진다. 실제로 많은 경제 전문가가 신약 개발시 기업이 부담하는 실제 비용을 산출하기 위한 연구를 해왔고, 논란이 없지는 않지만 이 비용이 지나치게 부풀려져 있다는 결론이 많다.[5] 이런 논란이 늘어나자 제약회사들은 전략을 바꿔서 다음과 같이 고가의 약값을 변호하기 시작했다.

"약값을 결정하는 것은 개발 원가도 중요하지만 약의 실제 가치가 더 중요하다. 이 약을 씀으로써 가져오는 인류의 행복은 돈으로 계산할 수 없다."

실제로 소발디를 개발한 길리어드가 이런 논리를 폈다. 생산 원가가 높은 단백질 성분의 주사 치료제와 달리 소발디는 화학 물질 정제이기 때문에 더 큰 비난을 받고 있었다.

"이 약이 없었을 때의 세상을 생각해보면 가격 논쟁은 무의미합니다. 약의 가치를 따지셔야죠."

현실은 반대에 가깝다. 치료제가 있어도 지나치게 비싼 가격 때문에 치료받지 못하는 경우 인간의 상대적 박탈감은 차라리 치료제가 없을 때에 비해 더 크면 크지 작아지지 않는다.


재정 독성

신약의 가격을 결정하는 것은 결코 쉬운 일이 아니다. 개발 과정에 들어가는 비용의 불투명성, 공적 자금 기여도 산정의 어려움에 더해 지푸라기라도 잡으려는 환자와 가족들에게는 심각한 정보의 불균형이 존재하기 때문이다. 우리나라 건강보험 심사평가원이 약값 조정을 워낙 잘한다고는 하지만 밀려들어오는 고가의 신약 앞에서 지금과 같은 방법이 통하지 않을 수도 있고, 이미 고가의 가격대가 형성된 타국에 비해 현저하게 저가를 고집하는 경우 아예 우리나라 시장에서 약을 빼버리는 결과가 나올 가능성도 있다. 지금까지는 그러지 않았지만 약가가 지금처럼 계속 올라서 타국과의 불균형이 더 심해진다면 가능한 시나리오이다.

따라서 우리나라도 다른 선진국들처럼 약의 효능이나 환자의 절박함과 같은 직관이 아닌, 좀 더 냉정한 방법으로 약의 가치를 평가할 필요가 있다. 가장 흔히 이용되는 방법이 비용-효과cost-effectiveness인데 가성비라는 말이 이미 널리 이용되고 있어서 비슷한 개념이라 생각하면 된다.

한 명의 환자를 1년간 삶의 질을 유지하면서 살리는 데 사회적으로 용인될 수 있는 약의 가격은 얼마인가? 이 질문에 가장 널리 이용되는 개념은 질 보정 수명quality adjusted life-year, QALY인데 눈여겨볼 것은 그냥 살리는 것이 아니라 '삶의 질을 유지'하면서 생존하게 한다는 점이다. 국가마다 이에 대한 기준은 다르지만 일반적으로 선진국들은 10만 달러를 넘으면 너무 비싼 약으로 생각한다. 얼추 선진국들의 1인당 국민 소득의 두 배 조금 넘는 금액이다.

계산이 물론 그렇게 단순할 수는 없고, 결과 지표는 단순한 생존이 아닌 '일을 할 수 있는 생존'이나 '환자 가족들의 삶의 질'로 놓기도 하며 대상 환자(어린이, 희귀 질환)에 따라 다른 수치가 적용되기도 한다. 공적 의료가 기본인 유럽에서는 약값을 결정하는 과정에 정부가 강력히 개입하지만, 사적인 의료 시스템이 기본인 미국에서는 정부에서 이 과정에 거의 개입하지 않는다. 미국의 약가가 세계에서 유례없이 비싼 이유이다.[6] 많은 신약이 정말 고가의 가격에 상응하는 가치가 있는지도 본격적으로 논의해야 한다.

2015년도에 발표된 한 논문에서는 1995년에서 2013년 사이 미국에서 공인된 항암제 58종의 경제성 분석을 했는데, 이 약제들은 환자들의 생존을 향상시키는 효과 대비 약제의 가격이 너무 비쌌으며, 신약으로 시장에 출시되는 약제의 3분의 2는 환자들의 치료에 어떠한 향상도 가져오지 못했다.[7] 이런 논란은 우리나라에서도 일어나고 있다.

보건복지부 암정복추진기획단 김흥태 단장은 암정복포럼에서 고가 항암제의 효능에 대한 문제를 제기했다.[8] 김 단장에 따르면 지난 40년간 암환자의 5년 생존율이 49퍼센트에서 68퍼센트로 약 20퍼센트 증가했는데, 이러한 생존율 향상에 대한 기여도는 예방과 조기검진이 80퍼센트이며 약제는 20퍼센트 정도에 불과했다. 또한 2014년부터 2016년까지 FDA에서 승인받은 항암제 중 미국 임상종양학회 기준을 충족하는 의미 있는 임상적 이점을 지닌 약제는 아홉 건(19퍼센트)에 불과했고 유럽에서도 이와 비슷한 결과를 보였음을 들었다. 이에 반해 "항암제 약품비 증가율이 전체 약제 증가율에 비해 두 배 이상 늘었을 뿐 아니라 암환자의 1인당 항암제 연간 투약 비용 역시 5년 사이 33퍼센트 올랐다"라고 지적했다. 학계에선 항암제 치료를 받는 환자가 겪는 경제적 어려움을 항암제의 물리적 독성에 비유해 '재정 독성'이라고 표현하기도 한다.

# 나는 얼마나

# 더 살 수 있나요?

## 완치와 치료의 차이

고가 항암제의 실제적 효능이 생각보다 뛰어나지 않음에도 우리가 현실에서 접하는 이야기들은 완전히 다르다. 신문이나 방송에서 다루어지는 내용은 "약값이 없어서 치료할 수 있는 병을 치료 못하는 안타까운 사정" 일색이고 이런 환자들을 돕지 못하는 국가의 무능을 탓하는 논조가 대부분이다. 이런 상황을 가져온 데에는 소위 '문케어'가 한몫을 했는데 "국민들이 의료비 걱정 없이 치료받을 수 있는 나라"를 만들겠다고 대통령이 겁 없이 선언을 한 이후로 환자들의 불만은 더 커질 수밖에 없었다.

의사들도 별로 기여한 것이 없는 것은 마찬가지이다. 진료실에서 의사들은 "치료제가 있는데 보험 급여가 안 되서 쓸 수가 없다"라는 말을 자주 한다. 여기서 문제가 되는 것은 '치료제'라는 말의 뉘앙스이다. 일반적으로 '치료제'라고 하면 환자들은 그 약을 쓰면 가지고 있는 병이 씻은 듯이 나아서 더 이상 약을 먹지 않고도 완치되는 경우를 생각하는데, 이는 대부분의 경우 현실과는 거리가 아주 먼 이야기이다. 내가 치료를 하는 류마티스 관절염 환자들의 예를 들어 보겠다. 가장 많이 듣는 질문이, "이 약이 치료제인가요, 아니면 증상만 낫게 하는 약인가요?"라는 것인데 환자들이 가지고 있는 '치료'라는 개념이 현실과 얼마나 차이가 있는지를 항상 실감하게 된다. 얼마 안 되는 진료 시간이지만 나는 환자에게 '치료'의 의미부터 설명을 해야 한다.

"이 약은 치료제가 맞습니다. 그러나 완치약은 아닙니다. 현실적으로 류마티스 관절염을 완치시키는 약은 없습니다." 이 말을 들으면 대부분의 환자들은 이미 알고 있는 사실이면서도 실망한 표정을 감추지 못한다. 치료와 완치를 동의어로 생각하면 이런 괴리가 발생하는데, 일반적으로 의사가 말하는 '치료'라는 개념은 현재의 상태를 개선시키고 질병으로 인한 손실을 최소화하는 조치라고 이해하면 된다.

간단한 예로 교통사고로 크게 다쳐서 오는 환자가 있다고 생각해보자. 얼굴도 다치고 팔다리도 다치고 출혈도 심해서 그대로 두면 사망하게 되는 환자는 당장 출혈로 인한 생체 징후의 위험부터 안정시키기 위해 수액 공급과 수혈 등 조치를 취한 후, 순차적으로 수술과 다른 치료를 받게 된다. 환자가 생명을 건지고 퇴원을 하는 순간은 사고를 입기 전과는 매우 다른 모습일 수 있다. 얼굴에는 지울 수 없는 흉터가 생기고 사지 기능도 완전히 회복되지 않아 스스로 걷지 못하는 상태로 치료가 완료될 수 있는데, 이런 환자를 두고 "치료를 한 게 아니라 증상만 낫게 했다"라는 표현은 쓰지 않는다.

항생제를 쓰면 쉽게 해결이 되는 감염증이나 다쳐서 뼈가 부러진 것을 치료하는 등의 급성 문제가 아닌 대부분의 만성질환들은 완치보다는 관리라는 개념으로 접근을 하게 된다. 예로 든 류마티스 관절염의 경우에도 치료제가 많이 개발되었지만 어느 치료제든 일정 기간을 쓰고 나면 병이 나아서 더 이상 약이 필요 없게 되는 결과를 가져오지는 않는다. 다만 그대로 두면 염증이 걷잡을 수 없이 심해져서 뼈와 관절을 파괴하고 환자를 불구로 만드는 결과를 막아줄 뿐이고, 그나마 약제의 효과가 유지되도록 지속적으로 약을 써야 한다. 물론 "낫지도 않을 병을 치료는 왜 합니까?"라고 따지는 사람들도 있는데, 완치가 안 된다고 치료를 하지 않는다면 신체 기능을 잃어버리고 불구가 되는 결과로 귀결될 가능성이 훨씬 높아진다.

그럼에도 언제부터인지 많은 환자가 완치와 치료의 개념을 혼동하는 이유 중의 하나는 과학 기술에 대한 과장된 통념이 확산되었기 때문인 것 같다. 실제로 최근까지도 대학에서는 별 볼일 없는 연구 결과를 두고 "무슨무슨 병 완치의 길이 열렸다"라는 식으로 침소봉대하는 홍보 자료를 만들어 배포하는 일이 비일비재했다. 신약에 대한 홍보물들은 대부분 이들 약제의 효능을 과장해서 표현한다. 청와대 국민청원까지 올라갔던 면역 항암제 키트루다의 예를 들어 보자.


## 기적의 약

앞서 언급한 고가 항암제의 신호탄을 올린 표적 항암제들을 과거의 항암제에 대비해 2세대 항암제로 명명하는데 키트루다는 3세대 항암제에 속한다. 2세대 항암제까지는 외부에서 투여하는 약제의 힘으로 종양 세포를 제어하는 반면 3세대 항암제인 면역 항암제들은 몸 안에 정상적으로 존재하는, 암 세포에 대한 면역 기능을 향상시켜 암을 다스리는 특징을 가진다. 환자에 대한 직접적인 약품 마케팅을 허용하지 않는 우리나라에서는 환자들이 신문 기사 등으로 신약에 대한 정보를 얻는데, 제대로 된 정보를 얻고 스스로 판단을 하기에는 내용이 턱없이 부족하다. 대부분의 언론 보도들은 다음의 흐름을 따른다.

"A 암의 신약 B가 개발됐다."
"이 B 신약은 기존 약제가 듣지 않는 환자들에서 우수한 치료 효과를 보인다."
"B 신약을 개발한 C 회사는 이 약제 매출로 어마어마한 수익을 올리고 있다."
"외국에서는 B 신약에 대해 보험 급여를 확장 중이다."

이런 정보는 약에 대해 아무런 실질적 정보를 주지 못할 뿐 아니라 절박한 상황에 몰린 암 환자들에게는 오해를 심어주기 쉽다. 여기에 키트루다 개발의 근거가 된 PD-1 신호 전달 연구팀이 노벨 생리의학상을 받았다는 뉴스까지 추가되면 이미 상황은 종료된 것이나 다름이 없다. 이쯤 되면 이 약제의 비싼 가격은 의심의 대상이 되는 것이 아니라 후광 효과로까지 작용한다. "얼마나 좋은 약이면 이렇게 비쌀까?"

그러나 환자들에게 정말 도움이 되는 내용, 예를 들어 '키트루다를 사용하는 경우 내가 얼마나 더 살 수 있을까?', '키트루다가 기존의 약제에 비해 위험성은 어느 정도 더 큰 것일까?' 같은 정보는 어디에도 없다. 심지어는 의사도 이런 정보를 제대로 제공하지 않는다. 그저 "새로 나온 좋은 약이 있는데 지금은 보험 급여가 안 되서 쓸 수 없습니다"라는 말을 해서 신약의 후광 효과를 뒷받침하는 역할밖에는 하지 않는다. 진행된 암 환자를 대상으로 한 키트루다의 치료 성적을 정리해보자.

305명의 4기 폐암 환자(전이가 되어 수술적 치료가 불가능한 환자를 의미한다)를 대상으로 실시한 연구에서 무진행 생존 기간(암이 진행하지 않고 생존하는 기간)은 키트루다군 10.3개월, 기존 항암제군 6개월로 키트루다군이 유의하게 길었고 치료 관련 부작용은 키트루다군에서 73.4퍼센트, 기존 항암제군에서 90퍼센트로 키트루다군에서 유의하게 낮았다.[9]

진행된 유방암 환자 847명을 대상으로 하는 임상 연구에서 기존 항암제에 키트루다를 함께 쓴 경우 무진행 생존 기간은 9.7개월로 기존 항암제만 쓴 군의 5.6개월에 비해 역시 키트루다군에서 유의하게 길었고 부작용은 비슷했다.[10] 진행된 식도암 환자 749명을 대상으로 한 연구에서는 기존 항암제에 키트루다를 함께 쓴 경우 무진행 생존 기간은 12.4개월로 기존 항암제만 쓴 군의 9.8개월에 비해 키트루다군에서 유의하게 길었고 부작용은 비슷했다.[11]

진행된 자궁경부암 환자 548명에서 키트루다 사용군의 무진행 생존 기간은 10.4개월로 위약군의 8.2개월에 비해 유의하게 길었다. 24개월 생존율은 키트루다군 53퍼센트, 위약군 41.7퍼센트로 키트루다군이 유의하게 높았다.[12] 진행된 폐암 환자 550명에서 키트루다 치료군의 3년 생존율은 처음부터 이 약제를 쓴 군에서 26.4퍼센트, 다른 약제를 쓰고 이어서 이 약제를 쓴 군에서 19퍼센트였다. 전체 환자의 절반이 생존하는 기간을 의미하는 중앙 생존 기간은 각각 22개월, 11개월로 역시 처음부터 키트루다를 쓴 군에서 더 길었다.[13]

이들 정보를 접했을 때 무엇이 먼저 보이는지는 보는 사람에 따라 다를 수 있다. 우선 키트루다가 완치약이 아니라는 점, 즉 대다수 환자의 추가적인 무진행 생존 기간이 1년을 넘지 않는다는 점을 짚을 수 있다. 또한 키트루다에 반응을 보일 것을 예측하게 하는 표지자를 가지는 경우를 제외하면 기존 약제와의 효과 차이가 그렇게 크지 않다. 매스컴에서 보도하는 기적의 항암제와는 거리가 있는데, 논문에서 말하는 유의성은 통계적인 유의성을 의미하는 것이지 반드시 임상적인 혹은 현실적인 유의성을 의미하는 것은 아니기 때문이다.

물론 몇 개월의 추가적인 생명 연장은 받아들이는 입장에 따라 의미가 있을 수도 있고, 없을 수도 있다. 단 며칠이라도 생명 연장을 하는 것이 의미가 있다고 보는 사람들도 있겠지만 이런 생각 때문에 생의 마지막 순간까지 병원 문턱을 못 벗어나며 정말 중요한 일들을 정리하지도 못하고 삶을 마감하게 된다고 보는 입장도 분명히 있다. 나를 비롯한 많은 의사는 이런 식으로 삶을 마감하는 것은 바람직하지 않다고 본다. 키트루다의 비싼 약값에 대한 논의는 생명 연장의 의미에 대한 생각이 정리된 다음에 이루어져야 하는 문제이기는 하다.

## 침소봉대와 희망 고문

공인된 다른 표적 치료제들의 치료 성적들도 살펴보자. 환자에게 가장 중요한 것은 수명 연장일 터이니 혼란만 주는 다른 지표는 다 떠나서 수명 연장 효과만 언급하겠다. 2020년 2월 최고 권위의 학술지 『뉴 잉글랜드 의료 저널』은 전이된 유방암 환자를 대상으로 HER-2 수용체 억제제 신약 임상 연구 결과를 게재하면서 "중요한 발전"Major stride이라고 대서특필했다.[14] 대상 환자들은 이미 여러 항암제로 치료를 받았음에도 효과가 없던, 그야말로 말기 중의 말기라 할 수 있는 환자들이었다. 시험 약제인 투카티닙tucatinib은 위약군에 비해 환자들의 수명을 약

4개월 연장시켰다. 이처럼 말기 암 환자의 몇 개월 생명 연장은 대서특필할 사건이 된다. 아직 약가는 알 수 없는데 먼저 개발된 약제인 허셉틴의 약가가 월 1만 3000달러이기 때문에 이보다 훨씬 높을 것은 분명하다.

키트루다가 나오기 전에 역시 획기적인 폐암의 표적 항암제로 공인된 타세바의 경우 진행된 폐암 환자에서의 치료 시 생존 중앙값(전체 환자의 절반이 생존하는 기간)은 11개월이었다.

그러나 이는 기존의 항암 치료와 비교했을 때 차이가 없는 결과였다.[15] 타세바 제조사인 로슈와 OSI는 2016년 의사들에게 타세바의 생존 효과에 대해 과장된 정보를 제공했다는 이유로 미국 정부로부터 소송을 당해서 6700만 달러를 변상하기도 했다.[16] 이런 이야기는 결코 기사화되지 않았다.

이렇게 새로운 항암제 중 기존 치료에 비해 1년 이상 수명을 연장시키는 약제는 별로 없음에도 환자들에게 이런 약제들은 기적의 약, 사용하면 완치되는 약으로 오인되는 경우가 많이 있다. '암'이라는 절박한 상황에 놓이면 지푸라기라도 잡는 심정이 되기 때문에 회사들의 선전 방식에 따라 새로운 치료제는 얼마든지 기적의 약처럼 보일 수 있다.

많은 논문이 생존 기간보다는 기존 치료에 비해 생존율이 몇 퍼센트 증가했는지를 보고하는데, 이런 행태도 데이터에 익숙하지 않은 환자들이 판단을 내리는 데 혼선을 준다. 〈그림 3.1〉을 보자. 기존 치료로 평균 3개월을 살 수 있었는데 신약이 기존 약보다 생존 기간을 50퍼센트 늘렸다면 신약을 썼을 때의

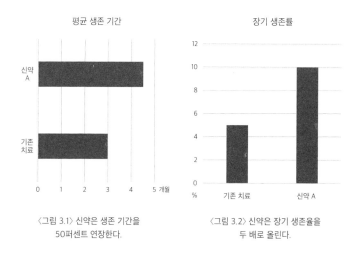

평균 생존 기간

신약 A

기존 치료

0  1  2  3  4  5 개월

〈그림 3.1〉 신약은 생존 기간을 50퍼센트 연장한다.

장기 생존률

12
10
8
6
4
2
0
%

기존 치료    신약 A

〈그림 3.2〉 신약은 장기 생존율을 두 배로 올린다.

언론 홍보에서 신약의 치료 효과로 제시하는 전형적인 데이터들.

생존 기간은? 4개월 반이다. 흔히 보는 "암환자에서 신약을 투여했더니 5퍼센트였던 5년 생존율이 두 배 높아졌다"라는 기사는 '완치의 희망' 그리고 보험 급여 인정이 안 되는 개탄스러운 현실로 이어지기 일쑤이다. 학술지에는 엄연히 생존 기간이라는 가장 중요한 지표가 공개됨에도 대중 매체는 이를 공개하지 않고 기존 치료제에 비해 몇배 우수한 효과라는, 판단에 도움이 안 되는 내용만을 전한다. 〈그림 3.2〉에서 보는 것처럼 장기 생존율 5퍼센트를 10퍼센트로 끌어올린 것은 생존율을 두 배로 올린 큰 성과이지만 그런 기적의 약을 써도 90퍼센트에 달하는 환자는 사망한다는 사실은 눈앞에서 마술처럼 사라진다.

하수인들

2012년도에 내가 학회에서 보험 업무를 시작한 후 제일 먼저 손을 댔던 일이 류마티스 관절염 치료제인 생물학적 제제의 보험 급여 기준 변경이었다. 당시 생물학적 제제의 급여 인정을 받으려면 문제가 생긴 관절 수가 열 개가 넘고 염증 수치가 많이 오르는 등 매우 까다로운 조건을 거쳐야 했다. 그런데 해외 치료 지침과 비교한 연구 결과 미국이나 유럽 류마티스 학회의 기준으로 생물학적 제제가 필요한 중증 환자라도 우리나라의 급여 기준을 충족할 확률은 10퍼센트 미만이었다.

아무리 미국이나 유럽이 우리나라보다 풍요로운 곳이라 해도 이건 너무했다는 생각에 팔을 걷어붙이고 생물학적 제제의 급여 조건 개선에 매진한 결과, 다행히 1년 내로 소기의 목적을 달성할 수 있었다. 당시 건강보험 심사평가원 담당자들과 함께 일을 하면서 경험한 여러 토론과 문헌 조사 등은 지금도 좋은 기억으로 남아 있다.

그런데 한 가지 예상을 크게 빗나간 것이 급여 조건 변경에 의한 추가 재정 부담이었다. 당시 나의 계산으로는 약이 필요한데도 치료를 못 받는 환자가 종전보다 많아야 35퍼센트 정도 늘어날 것이라 추산했다. 중증임에도 염증 수치가 충분히 높지 않아 급여 인정을 못 받는 환자가 그 정도 되었기 때문이다. 그런데 결과는 약제 처방이 예상보다 훨씬 더 많이 늘어서 본의 아니게 건강보험 재정에 주름살을 만들게 되었다. 이 약제가 얼마나 고가이고 장기 사용에 의한 경제적 부담이 어떠한 지를 잘 알고 있었기 때문에 (세계 약품 판매고에서 상위 다섯 개 품목 중 네 개가 류마티스 관절염 치료제이다) 꼭 필요한 환자들에 한해서만 좀 더 기회를 늘리겠다는 의도로 시작한 일이었는데, 이런 일이 항상 의도했던 대로 전개되는 건 아닌 것 같다.

재미있는 현상은 의사마다 생물학적 제제의 처방 빈도 편차가 매우 크다는 사실이다. 나를 비롯한 나와 가까운 의사들은 전체 환자 가운데 생물학적 제제를 처방하는 비율이 10퍼센트 내외에 지나지 않는다. 그러나 이 약제를 많이 처방하는 의사들은 전체 30퍼센트 이상의 환자에게 생물학적 제제를 쓰는데, 중증 환자를 그만큼 더 많이 보기 때문이라고는 설명할 수 없다.

환자를 꼼꼼히 보고 관절염 상태를 정확히 파악한다면 상당수에서는 생물학적 제제까지 처방하지 않아도 기존 약으로 충분히 조절이 가능한데 관절염 상태를 정확히 파악하는 것이 그렇게 쉽지는 않다. 3분 진료로는 도저히 시행할 수 없는 관절 상태 평가가 동반되어야 하기 때문에 많은 경우에서는 염증 수치와 환자가 토로하는 불만만 확인하고 바로 생물학적 제제로 전환하게 된다. 어쨌든 효과는 좋은 약이니까. 관절 상태 평가를 위한 별도의 진찰료를 인정해달라고 했는데 재원까지 확보됐음에도 건강보험 심사평가원에 결국 묵살당한 뼈아픈 기억이 있었기 때문에, 생물학적 제제 처방의 기하급수적 증가를 보면 마음이 무겁다. 그때 진찰료를 잘 책정했다면 더 낮은 비용으로 더 나은 환자 치료 결과를 가져왔을 것이라고 나는 지금도 순진하게 믿고 있다.

그렇게 몇 해가 지나가던 중 우려되는 현상이 관찰되었다. 특정 지역에서 특정 생물학적 제제의 처방이 류마티스 내과 전문의가 없는 병원에서 늘어났던 것이다. 류마티스 전문의도 현 진료 실정에서는 이 약이 꼭 필요한 환자인지 아닌지를 가늠해서 처방하는 것이 쉽지는 않기 때문에 의아한 생각이 들었다. 이 약이 그렇게 함부로 쓰일 약은 아니어서 걱정도 됐다. 심지어는 이렇게 처방받다가 내게 전원을 온 환자 중 진단조차 오진이었던 경우도 있었고, 제약 회사 직원들의 판촉 활동에 대한 믿기 힘든 이야기까지 들려왔다.

사실 확인을 해야 해서 건강보험 심사평가원에 생물학적 제제 처방 현황 정보 공개 신청을 했지만 거절당하고, 할 수 없이 친분이 있는 국회의원실을 동원해서 간신히 정보의 일부를 얻었다. 그러나 국회의원실이 요청했음에도 심사평가원은 요구하는 정보 전체는 없어서 못 준다는 답을 했다. 물론 사실이 아니다.

사실 이 일은 내가 할 일도 아니었다. 약제 처방에 적절한 자격 조건을 갖춘 의사가 없는 병원에서 무더기 처방이 나온다면 그건 심사평가원이 조사를 하고 문제를 시정해야 하는 일일 터이다. 그런데 심사평가원은 그런 처방 제한은 자기들의 소관이 아니라고 발을 빼고 있었고 한술 더 떠 서로 다른 과들이 싸우는 데에는 관여하지 않겠다는 입장을 표명했다. 제약 회사로서는 이보다 더 좋을 수 없는 상황이었다. 학회에서 섣불리 입장을 표명했다가 오히려 회사의 언론 플레이로 "서로 다른 과들이 밥그릇 싸움을 한다"라는 역풍까지 맞아야 했다. 기업의 힘은 전문가의 견해도 그저 밥그릇이나 지키려는 헛소리로 만드는 세상이 되었다.

지금도 궁금한 것은 자신의 전문 영역도 아니면서 이런 약을 겁도 없이 처방하는 의사들의 동기이다. 이미 리베이트는 법적으로 금지되어 있다. 도대체 왜일까? 환자에게 의미 있는 일을 하고 있다는 사명감일까? 나도 이런 약을 쓸 수 있다는 그릇된 자부심일까?

생물학적 제제의 가장 무서운 부작용은 감염이다. 특히 결핵이 문제가 되는데 생물학적 제제를 쓸 때 합병증으로 발생하는 결핵은 흔히 보는 결핵의 일반적인 양상과는 매우 다른 모습으로 나타나기 때문에 세심히 환자를 살피지 않으면 걷잡을 수 없는 결과를 가져올 수 있다.

이 외에도 챙겨야 할 일이 한두 가지가 아니어서 어떤 병원에서는 처방 대상이 되는 환자는 아예 입원시키고 꼼꼼히 살핀 후 치료를 시작하기도 한다. 우리나라의 짧은 외래 진료 시간으로는 도저히 감당이 안 되기 때문이다. 리베이트가 완전히 불법화된 지 10년이 되었고 이제 금전적인 관계는 거의 근절이 되었다고 믿고 있는데 아직도 무엇이 더 남아 있는 것인지 궁금해진다.

제약 회사와 의사의 관계가 문제가 되는 것은 외국도 마찬가지이다. 미국 병원에서 집담회에 참여했을 때 제약 회사로부터 샌드위치 하나도 제공받지 못하도록 되어 있는 규정을 본 적이 있다. 하지만 미국 교수들은 회사로부터 거액의 자문료를 챙긴다. 학회나 논문 발표 시 회사로부터 자문료를 받은 사실을 공개하도록 되어 있지만, 자문료를 받는 것이 불법도 아니고 자문료를 받았다 해서 특정 회사의 제품에 대한 발언이 제한되는 것도 아니어서 계속 논란의 대상이 된다.

최근 미국에서 발표된 자료를 보면 해당 분야의 소위 '권위자'opinion leader들에게 제약사들이 지급하는 금전의 액수가 '비권위자' 의사 대비 큰 폭으로 상승해왔다. 회사들의 영업 활동의 목적이 약의 매상을 올리는 것임을 감안할 때 소위 '권위자'들이 특정 약을 옹호함으로써 다른 의사들에게 광범위한 영향을 미치는 식으로 자신들의 지위(소속 학교의 네임 밸류, 학회 회장이나 이사장 같은 타이틀 등)를 활용한 지대 추구 행위를 할 가능성이 있음을 시사한다. 미국에서 발표된 결과인데, 제약 회사로부터 받은 금전과 해당 약제의 처방량을 분석한 36개의 연구 중 30개는 분명한 상관관계가 있음을 보고한다.[17]

의사들이 왜 이래?
― 전문가는 어떻게 죽어가는가

+

④

성과 사회는 자기 착취의 사회다.

성과 사회는 그 내적 논리에 따라

도핑사회로 발전한다.

— 한병철, 『피로사회』

# 대한민국 의사들의

# 초상화

의사들은 어쩌다

이렇게 욕을 먹게 되었나

자본주의에 포섭된 현대 의학의 문제점들을 토로하다 보면 "그러면 의사들은 뭘 하고 있었나?" 하는 비판에 곧바로 직면하게 된다. 전문직의 상징이 된 이 오랜 직업이 그만큼의 사회적인 지위를 인정받기 위해서는 지켜야 할 신념과 소명 의식이 있어야 할 것이며, 이를 부인하는 사람은 아무도 없을 것이다. 이 장에서는 의료 제도의 문제에서 비롯되는 비난을 최전선에서 받아야 하는 의사들에 대한 이야기를 해보려 한다. 의사들에 대한 비판은 이미 차고도 넘치고 그 이야기를 이 책에서 반복하는 것은 별 의미가 없다. 그보다는 이들이 왜 그렇게 행동하게 되었는지를 내부자의 입장에서 고찰해보는 것이 더 의미가 있을 것이다.

톰 니콜스Tom Nichols는 『전문가와 강적들: 나도 너만큼 알아』에서 정보 과잉의 시대에 확증 편향까지 강화되면서 일반인들의 판단력은 저하되지만, 평등 편향 또한 강화되어 전문가들의 입지가 좁아지고 있음을 지적한다. 너무 많아진 대학이 돈벌이를 목적으로 학점과 학위를 남발하면서 비판적인 지식인을 기르지 못하는 교육 수준의 저하도 한몫을 하고, 결과적으로 민주주의 체제가 포퓰리즘이나 기술관료주의에 빠지게 될 가능성이 높다고 경고한다. 기술 중독의 시대가 된 현대 자본주의 사회에서 의사들의 전문성은 분명히 위협받고 있다.

어느 시절에는 의사들을 하나의 직군으로 싸잡아서 일반화하는 것에 큰 무리가 없었을지 모른다. 하지만 적어도 내가 의사 생활을 시작한 1990년대에는 이런 일반화는 의미가 없을 정도로 의사들의 세계가 다변화되기 시작했다. 그것은 급증하는 의사 수와 관련이 있는데, 1990년 3만 5780명, 2000년도에 7만 2503명이었던 의사 수는 2017년 12만 630명으로 27년간 네 배 가까이 증가했다.[1] 같은 기간 대한민국 인구는 4330만 명에서 5100만 명으로 증가했다. 예전에는 존재 자체가 희귀해서 사람들이 '의사'라는 말만 들어도 특별하다고 생각했지만 이제는 그냥 직업 중 하나가 되어버린 수준이다.

진료과목도 점점 더 세분화되고 있어 의사들의 이질성을 가속시킨다. 내과는 순환기, 소화기, 호흡기 등 아홉 개의 분과로 나뉘었고 각 분과는 이미 내과의 동질성을 상실한 지 오래

여서 진료 영역을 두고 서로 싸움을 하기도 한다. 갈수록 전문화를 강조하는 추세인데 분과 안에서도 또 분리가 일어나서 소화기 내과의 경우 간 전문, 장 전문 하는 식으로 나뉜다. 면허를 가진 의사들이 모두 같은 형태의 활동을 하는 것도 아니다. 진료실에서 직접 환자들과 대면해야 하는 의사들(의사 세계에는 이런 사람들만을 의사라고 하는 경향이 있다)이 있고 환자를 직접 보지 않고 환자의 영상 검사 사진, 골수 검사, 조직 검사 소견만 보는 의사들도 있다. 환자를 보는 의사는 또 수술장에 들어가는 외과계 의사와 그렇지 않은 내과계 의사로 나뉜다.

우리나라 의사들의 수입에 관해서는 자료가 많지 않다. 막연히 고소득 직종이라고 도매금으로 간주되어 욕을 먹는데, 그 안에서 격차는 상당히 크다. 신경외과 의사인 내 남편과 나의 연봉은 두 배 넘게 차이가 난다. 물론 위험도나 근무 강도 등의 차이가 있지만 한 번도 내가 남편의 절반만큼만 일한다고 생각해본 적은 없는데도 그렇다.

같은 가운 입은 의사라도 출신 학교에 따라 차별을 받는다. 특권을 행사할 수 있는 프리미엄이 있는 병원들에서는 아직도 학벌에 따른 위계가 고스란히 적용된다.

좀스러운 내과,
무식한 외과

2006년에 세계 최고의 권위를 자랑하는 『영국 의학 저널』에 황당하고도 재미있는 논문이 실린 적이 있다.[2] 스페인 바르셀로나의 열 개 대학 병원 의사들을 대상으로 그들의 얼굴 사진을 찍고 일반인 평가자들에게 사진을 보여준 후 1점에서 7점 사이로 외모를 평가하게 했다. 열두 명의 외과 의사, 열두 명의 내과 의사, 그리고 네 명의 의사 역할을 맡은 배우의 사진을 보여주었는데, 미국 드라마 〈ER〉에 출연한 조지 클루니George Clooney의 사진도 들어 있었다. 평균 50세의 의사들을 평가 대상으로 한 결과 외과 의사들이 평균 4.3점, 내과 의사들이 평균 3.7점이 나와 외과 의사들이 더 높은 점수를 받았다. 배우들의 점수는 5.9점으로 현실 의사들보다 높았다.

외과 의사인 저자는 외과 의사의 매력도가 높은 이유를 제시했는데 이 역시 재미있다. 첫째, 외과 의사들은 환기가 잘되고 공기가 깨끗하며 산소 분압이 높은 수술실에서 시간을 보내는 반면 내과 의사들은 공기가 나쁜 곳에서 환자들과 복닥거리며 생활을 한다. 둘째, 외과 의사들은 얼굴을 마스크로 가리는데 이러면 항노화 효과가 있을지도 모른다. 머리에 수술 모자를 쓰기 때문에 대머리가 될 가능성이 낮다. (매우 황당한 설명이다. 정말 모자를 쓰면 대머리가 될 가능성이 낮나?) 셋째, 내과 의사들은 무거운 청진기를 목에 걸고 다녀서 목이 굽고 키도 작아진다. 넷째, 내과 의사들은 허구한 날 새롭게 개정되는 치료 지침을 익히다가 더 늙는다.

내용이 너무나 기발하지만 근엄하고 엄정한 논문만 출판하는 『영국 의학 저널』에 실린 이 논문에는 가장 중요한 설명이 빠졌다. 애당초 장시간 수술을 해야 하는 외과를 지망하는 의사들은 내과계 의사들보다 체력에 좀 더 자신이 있어야 하기 때문에 처음부터 편향성이 생길 수밖에 없다. 이 논문 이야기를 했더니 남편에게서는, "그럼, 당연한 거 아니야?"라는 반응이 돌아왔다. 객관적인 외모야 보는 사람 눈에 따라 다르겠지만 환자들에게는 말로 때우는 내과 의사보다는 자신의 몸에 칼을 대는 외과 의사에게 더 큰 후광 효과가 있다. 기껏해야 전공의 한두 명 데리고 회진을 도는 내과에 비해 외과 의사는 수술팀이 따라다니기 때문에 회진을 할 때 보면 군대의 장군같이 보이기도 한다. 외모 말고 성향도 같지는 않다. 그것이 타고난 성향인지 환경에 의해 길러진 성향인지 알 수는 없지만, 외과 의사들은 내과 의사들이 환자를 놓고 고민하는 것을 보고 답답하게 생각하는 경우가 많다.

"좀스러운 내과."

그런 외과 의사를 두고 내과 의사는 말한다.

"무식한 외과."

외과 의사와 내과 의사의 생활 패턴도 같지 않다. 외과 의사들의 아침은 내과 의사보다 더 일찍 시작한다. 아침 일찍부터 수술장에 들어가야 하는데 첫 수술의 마취는 대학 병원들의 경우 8시면 이미 완료된다. 요즘 의사들이 자신을 착취하는 메커니즘이 가속화되면서 어떤 병원에서는 7시 반에 첫 환자 집도가 들어간다. 외과는 학회도 내과보다 일찍 시작한다. 외과계 학회에서 연자 초빙을 받으면 좀 짜증이 나는데, 아침 8시에 강의를 하러 오라고 하기 때문이다. 그런데 가보면 그 시간에 이미 학회장이 꽉 차 있다. 내과 학회는 9시에 시작해도 학회장이 비어 있는데. 외과 의사는 내과 의사를 보고 한마디 한다.

"게으른 내과."

내과 의사는 이런 외과 의사를 보며 또 한마디 한다.

"농경 사회적인 부지런함이네…."

내과 의사도 환자 상태가 나빠지면 휴일이나 밤 시간에 콜을 받지만 외과 의사들은 응급 수술을 해야 하는 일이 있기 때문에 전화로 끝나지 않고 직접 병원으로 뛰어 가야 할 때도 있다. 이래저래 체력이 나쁜 사람은 하기 힘들다. 60세가 넘은 남편은 요즘도 밤까지 수술을 해야 할 때가 있다.

"육십 먹은 노인, 이제 좀 슬슬 해요."

안타까운 마음에 내과 마누라가 할 수 있는 건 이런 말뿐이다. 외과 의사가 정말 무식할까? 좋은 의사라면 내과, 외과 가리지 않고 무식하면 안 된다. 좋은 외과 의사를 결정하는 가장 중요한 요인은 손이 아니라 결정을 내리는 판단력이기 때문이다.

외과 의사들이라고 할 말이 없겠는가? 의과대학 때부터 듣는 농담이 "내과 의사는 아는 건 좀 있지만 할 수 있는 게 없고, 외과 의사는 아는 건 없지만 할 수 있는 건 좀 있다"라는 말인데 크게 틀린 말은 아니다. 내과가 약을 처방하는 과이다 보니 아무래도 제약 회사의 영업은 외과보다는 내과에 치중된다. 제품 설명회다 뭐다 해서 공짜 밥을 먹을 일도 내과가 더 많은데 외과 의사인 남편은 "밥도 제 돈으로 안 사 먹는 놈들"이라고 욕을 하기도 한다. 아무튼 내과계 학회는 제약회사가 연구비를 지원하기도 해서 외과 학회보다 돈이 많기는 하다.

때로 내과 의사와 외과 의사의 영역이 미묘하게 겹칠 때에는 곤란한 일이 생기기도 한다. 나의 전문 과목인 류마티스 내과는 내과에서도 가장 마지막에 생긴 신생 분과인데 류마티스 내과가 생기기 전 관절염은 모두 정형외과에서 진료했다. 그러다 보니 정형외과 입장에서는 류마티스 내과가 밥그릇을 위협하는 존재로 보였고 많은 병원에서 류마티스 내과가 첫 진료를 시작할 때 류마티스 내과 의사들은 어려움을 겪었다. 멱살 잡힌 류마티스 내과 선생님도 있었는데 내가 멱살을 안 잡힌 건 아마도 여자였기 때문인 것 같다. 살면서 여자라서 덕을 본 유일한 순간이었다. 지금은 이런 일은 거의 없고 오히려 외과 시술의 문제점을 류마티스 내과에서 공격할 정도로 류마티스 내과가 성장했다.


극우파 의사

대한민국 의사들은 보수 정당 지지자가 많다(개인적 견해로 우리나라의 보수는 극우에 가깝다). 최대집 전 대한의사협회 회장이 태극기부대 지지자인 것이 대표적인 사례이다. 언젠가 사석에서 정치 이야기가 나오고 굳이 말을 안 하겠다는 내게 의견을 묻기에, 가지고 있는 생각을 말했다가 거의 '빨갱이' 취급을 당한 이후로 의사들이 모인 자리에서는 정치적인 발언은 하지 않는다. 내가 가지고 있는 정치적 식견이 부족해서라고 생각하는 건 물론 아니다.

　의사들이 가지고 있는 생각을 잘 보여주는 단어가 '의료 사회주의'이다. 이 말을 지은 분은 아마도 "자본주의 사회에서 왜 의료만 사회주의로 운용되어야 하느냐"라는 강한 불만을 이렇게 표현한 것으로 생각하는데, 우리나라 의사가 처음으로 이런 말을 한 것은 아니다. 미국에서 전 국민 의료보험을 시행하려 할 때마다 발목을 잡은 세력 중 하나가 '미국의사협회'American Medical Association였다. 1962년 존 F. 케네디John F. Kennedy 대통령이 전 국민 의료보험을 시도했을 때 미국의사협회 회장인 에드워드 애니스Edward Annis는 이렇게 말하며 반대했다. "모든 사람에게 의료를 제공하겠다는 생각은 사회주의이다."

　그가 말한 사회주의와 우리나라 의사들이 말하는 사회주의의 뉘앙스가 물론 같지는 않다. 1962년이면 미국에서 매카시 광풍이 지나간 지 얼마 되지 않은 냉전이 한창인 시점으로 사회주의라는 말은 공산주의와 동의어였다. 그 당시 미국인들에게 사회주의는 모든 자유를 빼앗기고 국가의 통제하에 살아가야 하는 것을 의미하는, 호랑이에게 곶감보다 더 무서운 말이었다. 공화당 정치인들은 의사들에 동조했고 대표적으로 로널드 레이건Ronald Reagan 대통령은 "공산주의가 사회에 침투할 때 가장 먼저 손을 뻗치는 영역이 의료이다"라고 주장했다. 린든 존슨Lyndon Johnson 대통령이 미국의 공적 보험인 메디케어를 도입할 당시에도 공화당에서는 사회주의의 전조라고 비난을 퍼부었다.

독재 정권에 의한 압제를 오래 받아온 우리나라에서는 국가가 의료에 간섭하는 것이 처음부터 크게 이상하지 않았다. 우리나라의 의료보험은 당시 의료 보장이 되던 북한과 비교했을 때 남한의 체제가 열등하지 않다는 것을 보여주기 위한 과시와 강권으로 시작되었기 때문이다. 어느 나라에서도 유례를 볼 수 없을 만큼 적은 비용으로 국민건강보험을 이룬 것은 공산주의와 치열하게 경쟁하는 입장의 자본주의 독재 체제가 아니었다면 불가능했을 것이다. 우리나라 의사들이 부르짖는 '의료 사회주의'라는 말은 돈이 없는 국가가 필수 의료수가를 형편없이 후려쳐서 강제로 국민 개보험을 만들고, 의사들을 통제하면서 정작 개별 의사들은 자영업자로 내몰아 병원 경영의 모든 위험을 개인적으로 감수해야 하는 모순에서 나온 것이다.

'의료 사회주의'에 대한 불만을 토로하는 사람들은 우리나라 의료가 미국처럼 되기를 바라는 마음이 있는지도 모르겠는데 지금 미국의 의료 제도가 얼마나 끔찍한지는 굳이 마이클 무어Michael Moore의 〈식코〉Sicko를 보지 않아도 어느 정도는 알고 있을 것이다. 우리나라의 보수 정당은 미국의 공화당과는 달리 의사들의 편을 들어줄 마음도 별로 없다. 어떻게 해도 자기들을 지지하니까. 그런데 미국의 공화당도 더 이상 의사들의 편은 아니다. 이미 미국의 정치인들은 거대 제약 회사와 사보험 업계의 이익을 대변하는 집단이 되었고, 그 경향은 미국 민주당이라고 해서 크게 다르지 않다.

우리나라 의사들의 정치적 성향은 미국과 같이 공적 의료가 부족한 국가에서 보이는 '상인 우파'의 그것과 크게 다르지 않다. 의사들이 자영업자로 기능하고 있기 때문이다. 물론 전문 지식을 익히느라 너무 바빠서 사회라는 큰 흐름을 보지 못하고 세상을 읽는 능력도 부족해지며, 심지어 자신들의 이익을 챙기는 것에 오히려 해가 되는 방향으로 행동해온 면도 있다. 의사들의 행동이 공공선에 반하는 모습을 보일 때 개개인을 비난하기에 앞서 그 나라의 정책이 의료를 어떻게 다루고 있는지를 보아야 한다.

미국 의사들이 건강보험을 반대한 것은 그들이 유달리 사악한 집단이어서가 아니다. 자본주의와 각자 도생의 논리가 의료를 포함한 모든 영역에서 우세한 사회가 되면 의사들은 그렇게 행동하게 된다. 그러나 '상인 우파 의사'의 미래도 별로 밝지는 않다. 미국은 이미 대형 병원, 사보험회사 등의 자본이 의료를 포섭한 상황이다. 미국 의사들은 날로 덩치가 커져가는 병원 조직의 부속품으로 전락하며 전문성을 위협받는 현실에 대해서 고민한다. 또한 진료에 할애할 시간이 보험회사 서류 작성 때문에 뭉텅이로 잘려 나가는 것에 대해 번아웃까지 생긴다

고 호소한다. 그런데 이건 우리나라 의사들이 오래전부터 당해
왔던 일이다.

# 의료 페미니즘

## 남과 여

내가 의과대학에 입학하던 해인 1983년도에는 전체 정원의 20퍼센트 가까이를 여학생이 채우면서 학교가 거의 뒤집어졌다. 여학생이 너무 많아 학생들의 수준 저하가 크게 우려된다는 이유였다.

나보다 6년 앞서 남편이 입학하던 당시 여학생 수는 전체의 5퍼센트를 조금 넘는 정도여서 말 그대로 귀하신 몸이었는데, 일본 도쿄대학 입시 문제까지 풀어보아야 합격할 수 있는 본고사가 없어지고 '얄팍한' 학력고사로 선발을 하다 보니 '능력이 안 되는 여학생'도 쉽게 의과대학에 들어올 수 있게 되었다는 해석이 압도적이었다. 그러나 본고사가 살아 있던 시절에도 여학생 수는 점진적으로 늘고 있었다. 어쨌든 입학하고 나서 첫해 동안 평생 당할 여성 혐오 발언의 절반 정도는 듣고 시작했던 것 같다.

특권을 가진 집단이 자신의 특권이 침해된다고 생각하면 다양한 방법을 동원해서 자신을 위협하는 존재들을 공격하는 것은 어제 오늘의 일은 아니었는데, 여학생 수가 늘어나는 것이 기득권 의사층에서는 의사 집단의 특권을 손상시킨다고 생각한 것 같다. 미국에서 페미니즘이 일어날 때 나타난 '백래시', 우리나라에서 페미니즘이 활성화되면서 일베가 등장했던 것과도 유사한 점이 있는데 내가 학교 다니면서 들었던 말들은 일베 수준을 훨씬 뛰어넘었다. 여학생들은 조용히 수업을 듣고 부지런히 노트를 적으며 도서관에 박혀서 공부를 하는 것밖에 별 뾰족한 수가 없었다. 행여 활동을 하다가 처신을 잘못한다는 평판이나 얻을지 두려웠고 성적이라도 좋아야 덜 무시를 당할 터였다.

그런데 여학생은 공부를 잘해도 문제, 못해도 문제였다. 공부를 잘해서 상위권이 되면 "할 줄 아는 게 달달 외워서 시험 잘 치는 것밖에 없고 깊은 공부는 못한다"라는 말을 들었고, 연애하다 성적이 안 나오면 "여학생 수가 많아지니 낙제를 하는 등 별놈이 다 있다"라는 말을 들었다. 외모 품평을 포함해서 어느 경우든 남학생이라면 들을 일이 없는 말이었다. 그래도 학교 다닐 때는 나은 편이었다. 성적이라는 객관적인 지표가 나를 지키는 수단이 될 수 있었으니까. 문제는 졸업한 다음부터였다.

"우리는 일 잘하는 남학생이 필요하지 공부 잘하는 여학생은 필요 없어."

내가 수련하는 기간 중 제일 많이 들었던 말이다. 여학생들은 졸업 후 결혼과 임신 등으로 격무를 견뎌내기 힘든 상황이 생기는데 그런 것에 대한 배려는 물론 없었고, 결혼은 자동적으로 여자 의사를 도태시키는 메커니즘으로만 작동했다. 나도 졸업 직전에 결혼해서 인턴 때 임신을 했는데 당시 겪었던 일들은 거의 괴담 수준이다.

이렇게 커리어를 시작하는 초반에 심하게 날개가 꺾이면 다음에 날아오를 기회를 갖기는 정말 어렵다. 공부를 잘했던 여학생들은 자신의 능력에 대한 자괴감만 가지고 수련 과정을 마치며, 역시 여자들의 능력은 그것밖에 안 된다는 선배들의 확증 편향은 확고해진다. 문제는 물론 거기서 끝나지 않는데, 수련 과정을 마치고 취업을 할 때 여자 의사를 기꺼이 받아주는 곳은 없기 때문이다. 소위 특권 계급에 속하는 병원에서는 "내 눈에 흙이 들어오기 전까지 여자는 안 돼"라는 말을 공공연히 하는 원로 교수도 많았다. 이것이 내가 졸업을 하고 수련을 마치던 1990년대 중후반의 상황이다.

지금은 많이 달라지기는 했다. 여학생 수는 계속 늘어서 이제 의과대학 입학 정원의 절반을 차지한다. 아직도 여학생이 많아서 의사가 사양 직업이 되었다는 말을 하는 사람이 있는지는 모르겠다. 여전히 여학생들은 우수한 성적으로 졸업하고 소위 '깊은 공부'에 해당하는 연구 업적도 여의사들이 뒤지지 않는다. 물론 내 세대와 달리 요즘의 여의사들은 나이가 차도 배필을 찾아 결혼부터 하라고 떠밀리지는 않는다. 의과대학에 남는 여의사의 수도 꾸준히 늘고 있다. 그러나 입학하는 여학생의 수에 비하면 여전히 대학에 남는 여의사의 수는 심하게 균형이 깨진다. 교수직의 여의사 비율은 22.1퍼센트에 지나지 않고 의사를 결정하는 위치에 해당하는 병원 고위직에 이르면 여의사는 거의 없다시피 한다. 대학에 남는 것이 의사에게 최고의 길이라 말할 수는 없지만, 의대 교수들이 의사를 가르치는 입장이 되다 보니 의료의 방향을 정하는 일에는 아무래도 의대 교수들의 입김이 크게 작용한다. 결과적으로 의료계의 모습도 이런 남성 편향성의 영향을 많이 받는다.

여자 의사와 남자 의사의 능력 차이는 무엇일까? 여자 의사들이 능력 면에서 열등하다고 아직도 굳게 믿는 많은 사람에게 충격을 주는 연구 결과가 2018년도 『미국 국립과학원 회보』Proceedings of National Academy of Science에서 출판되었다.[3] 1991년에서 2010년 사이 플로리다주의 응급실에 입원한 58만 명의 급성 심근 경색 환자를 대상으로 하는 빅데이터 연구였는데, 여자 의사가 치료를 한 환자의 사망률이 남자 의사가 치료를 한 경우보다 낮았다. 환자의 성별에 관계없이 그러했고 특히 여자 환자의 경우 여자 의사에게 치료받는 경우와 남자 의사에게 치료받는 경우의 생존율 차이가 가장 컸다. 즉 남자 의사에게 치료를 받은 여자 환자가 다른 조합들(여자 의사에게 치료받는 여자 환자, 어자 의사에게 치료받는 남자 환자, 남자 의사에게 치료받는 남자 환자)보다 유의하게 생존율이 낮았다.

물론 이것이 이런 데이터를 보여준 첫 연구는 아니었다. 2016년도에 『미국 의사 협회지』JAMA에 발표된 하버드대학의 150만 명 메디케어 환자 빅데이터 연구에 의하면 0.5퍼센트 정도의 작은 차이이지만 여자 의사가 치료하는 환자에서 사망률이 유의하게 낮았다.[4] 0.5퍼센트라고 무시할 수 없는 것이 150만 명이라는 모집단을 고려한다면 사망자 수의 차이가 매우 커지기 때문이다. 이 외에도 여자 의사에게 치료받은 환자의 결과가 더 좋았다는 연구 결과는 매우 많다. 왜 이런 결과가 나오는 것일까?

존스홉킨스대학에서 의사들이 환자와 소통하는 방식을 관찰한 연구 결과에 의하면 여자 의사가 남자 의사보다 환자와의 관계 형성에 더 많은 노력을 기울이고, 심리적 상담과 정서적 상담을 더 많이 하는 것으로 관찰되었다. 반면 의학적 소견을 전달하는 능력에는 성별의 차이가 없었다. 여자 의사의 경우 남자 의사보다 평균적으로 환자 진료에 2분을 더 할애하는 것으로 관찰되었다.[5] 여기에서 알 수 있는 중요한 사실은 의학적 소견 전달 못지않게 시간을 들여 상담을 하는 것이 실제로 생사를 가르는 문제가 되기도 한다는 것이다. 의사가 단 2분의 시간을 더 할애하는 것이 차이를 만들기 때문이다. 우리나라의 의료에서 가장 허약한 부분이기도 하다. 이들 데이터는 어디까지나 집단을 하나로 뭉쳐서 평균으로 보여준 것일 뿐 실제로 환자들에게 자상한 남자 의사들도 매우 많고 환자에게 쌀쌀맞은 여자 의사들도 매우 많다. 중요한 것은 "여자 의사들은 남자 의사보다 열등하다"라는 일반론은 확실히 틀렸다는 사실이다.


## 경제학자와 미치광이

2019년 한국 여의사회에서 남녀 의사 1100명을 대상으로 시행한 조사에 의하면 전공의 지원, 취업, 교수 채용, 승진 등 경력의 모든 고비에서 여의사들은 차별을 경험한다고 답했다. 지원자가 몰리는 인기 과에서는 "여자 전공의를 뽑지 않거나 2년마다 뽑겠다"라는 식으로 공공연하게 이야기하고 "저연차 때는 임신할 수 없다"라는 출산에 대한 폭력이 횡행하고 있었다. "여의사라서 환자들이 믿지 못할 수 있으니 월급을 적게 주겠다"라는 말을 듣는가 하면 "분만 휴가 시에 대진의를 구하게 되면 네가 그 월급을 병원 대신 지급해야 한다"라는 병원도 있다. 내 세대에 비하면 의사 표명도 훨씬 잘하는 똑똑한 여의사들이 아직도 이런 대접을 받고 있는 것이 놀라웠다.

이 가운데 출산에 관한 부분은 저출산을 걱정한다는 우리나라에서 여성들이 아이를 낳기 얼마나 어려운지 보여주는 극명한 사례이다. 출산휴가를 떠난 자리에 대체 인력을 지원하는 시스템이 없기 때문이다. 의사들이 격무에 시달린다는 건 다 아는 사실인데 대체 인력 없이 출산휴가로 3개월을 쉬게 되면 당연히 뒤에 남은 사람들이 그 기간에 살인적인 업무량을 덤터기 쓰게 된다. 입바른 소리로는 출산휴가를 보장해서 모성을 보호한다는 말을 하면서 대체 인력 지원은 나 몰라라 하는 정책 입안자들은 여의사들의 고달픈 삶에 전혀 도움이 되지 않는다. 한편 페미니즘이 이런 불평등의 문제를 훌쩍 뛰어넘는 심오한 철학이라는 것은 의료에도 해당이 된다.

여자 의사와 남자 의사의 차이점 중 눈에 띄는 것은 여자 의사들의 경우 타이틀, 즉 감투에 비교적 무심하다는 점이다. 우선 나부터 그러한데 도무지 과장, 회장, 이런 같지도 않은 감투가 달갑지 않다. 명함에도 달랑 '교수 김현아'뿐이다. 마뜩찮게 가지고 있는 타이틀들을 그러모아 굳이 명함에 넣는다면 몇 줄은 될 듯도 싶지만 그저 무위할 뿐이다. 그런데 남자들에게는 이게 죽고사는 문제가 되기도 한다. 테스토스테론이 난무하는 의료계의 현실을 가장 잘 보여주는 곳이 학회인데 일반인들은 누가 되는지 관심조차 없는 학회장 선출을 앞두고 해당 학회가 깨질 정도로 격렬한 선거 운동이 일어나기도 한다. 소위 '장'이라는 타이틀에 목숨을 거는 모습은 동물의 왕국을 방불케 한다.

병원에서 과장, 원장 자리를 두고 벌어지는 알력도 마찬가지인데 여자 교수들의 경우 과장이 안 되면 오히려 부담이 적어 잘되었다고 생각하는 사람들이 많은 반면, 남자 교수들은 병원을 나갈 것까지 생각한다. 어디까지나 경향성의 이야기이고 여자 교수 중에도 타이틀이나 명예에 집착을 하는 사람들이 있으며 여성들에게는 기회조차 주어지지 않기 때문에 오는 체념을 무관심이라는 방식으로 도치한 것일 수도 있다. 하지만 다 들어가지도 못할 만큼의 자질구레한 타이틀을 가득 채운 명함을 만드는 것 역시 남자 교수들인 경우가 많다. 집단 내 서열을 가리고 싶어 하는 건 아무래도 여자보다는 남자들 세계에서 더 강한 특징인 것 같다.

사정이 이렇다 보니 남자 의사들이 헤게모니를 쥐어왔던 의사 세계의 모습도 그런 사회에서 잘 생존하는 남자들의 고유한 특성을 비추는 면이 없지 않다. 한 가지 예가 불필요하고 무의미한 경쟁이다. 운동장에서 두 명만 모여도 서열을 따지는 남자애들처럼 진료 수입으로 의사들을 줄 세우기하는 병원 문화는 의사를 결정하는 보직자가 거의 대부분 남자들, 혹은 그런 성향이 강한 남자들이 선택되었기 때문일 가능성이 있다.

환자에게 적절한 진료를 행하기 위해서는 최소한의 필요 시간이 정해져 있다. 모든 사람에게 하루는 24시간이기 때문에 당연히 의사들도 주어진 시간에 소화할 수 있는 최대 환자 수가 정해져 있다. 그러나 우리나라의 진료 현실은 이런 사실을 깡그리 무시하고 오로지 환자의 머릿수로 의사의 능력을 평가한다. 물론 진찰료가 낮아 선진국에 비해서 당치도 않게 많은 환자를 소화해야 어느 정도 재정이 유지되는 것도 사실이다. 그런데 돌아가는 상황을 보면 진찰료가 낮다는 이유만으로는 설명이 안 되는 여러 가지 불합리한 일들도 눈에 보인다.

많은 병원이 '진료 활성화'를 부르짖는데, 이것은 "돈 더 벌어!"의 다른 표현에 불과하다. 이런 상황에서 어제보다 오늘 더 많은 환자를 보아야 제 구실을 하는 의사로 취급받는 일이 비일비재하다. 그런데 이미 어제 내가 진료할 수 있는 최대의 환자를 보았는데 어떻게 진료를 활성화해서 오늘 더 많은 환자를 보고, 내일은 그보다 더 많은 환자를 볼 수 있다는 것일까?

경제학자 케네스 볼딩Kenneth Boulding은 미국 의회에서 "유한한 세계에서 지수 성장이 무한히 계속될 수 있다고 믿는 사람은 미치광이이거나 경제학자이다"라는 유명한 말을 남겼다. 그럼에도 불구하고 많은 의사는 오늘보다 더 많은 환자 수에 목숨을 걸면서 경제학자 아닌 미치광이 노릇을 한다. 대부분의 병이 돌림병도 아닌데 갑자기 환자가 늘 일도 없고, 결국은 이것은 병원 간, 의사 간 파이 더 먹기 싸움이 된다. "내가 하루에 환자를 100명이나 보니까 A 질환의 1인자"라는 근거 없는 망상 속에 양질의 진료는 점점 멀어져간다.

물론 환자를 많이 보고 수입을 올리는 의사에게는 병원 차원의 보상이 주어진다. 개인적인 급여의 이득뿐 아니라 '진료를 활성화'시킨 공로로 더 근사한 진료실과 진료 보조 인력이 주어진다. 환자들에게는 이런 번지르르한 진료 환경과 도떼기 시장같이 와글거리는 진료실이 명의의 상징이라는 착시 현상으로 작용하고, 정작 진료에 중요한 환자-의사 간의 상호관계는 의미를 잃어버린다. 만일 여자 의사에게 의사결정권을 많이 주는 상황이었다면 이런 무의미한 환자 머릿수 경쟁이 지금처럼 심화되었을까 하는 의문이 항상 있다.

지금은 매스컴들이 그런 짓을 별로 안 하지만 몇년 전까지도 일간지 등에서 앞장서서 해왔던 분야별 명의 선정도 비슷한 맥락이다. 매스컴에서 선정한 명의의 기준은 해당 과의 다른 의사들에게 설문을 해서 얻은 결과인데, 당연히 가장 많은 제자를 배출하고 있는 큰 병원 의사들에게 유리한 일종의 확증편향 기전이 작동하고 이는 병원 쏠림 현상을 더 가속화한다.

해당 분야의 적절한 교육과 수련을 받은 의사는 특별한 결격 사유가 없는 한 누구나 자신의 전문 분야 환자를 적절하게 진료할 수 있도록 하는 것이 정상적인 의료 시스템일 것이다. 경쟁은 학문적 업적으로 하는 것이지 환자 머릿수로 하는 것이 아닐 터인데 이런 당연한 사실을 무시하고 양적인 지표만 반영하는 무의미한 줄 세우기와 파이 더 먹기에 급급했던 의료계의 모습 역시 여자 의사들이 결정권을 가지지 못하는 현실과 관련이 있다고 믿는다. 세상을 더 나은 곳으로 만들 능력이 있는 사람일수록 그런 힘에서 멀어지는 것은 언제나 비극이다.


여성 소거

페미니즘 화두를 꺼냈으니 의료에서 여성 소거의 결과를 좀 더 살펴보겠다. 사회의 다른 분야와 마찬가지로 의료에서도 최고 결정권자의 위치를 대부분 남성들이 점한 결과는 때로 참혹하다. 아주 최근까지 환자를 대상으로 하는 임상 연구에서 여성 환자는 배제되거나 충분한 숫자가 포함되지 않는 경우가 많았다. 많은 약제가 남성 환자로부터 도출된 결과를 이용하여 처방이 되었는데 대표적인 예가 수면제인 졸피뎀이다. 2013년 미국 FDA는 졸피뎀의 권장 용량을 복용하는 경우 여성에서는 심각한 부작용이 생기는 것을 관찰했다. 이후 여성에서 졸피뎀의 대사 패턴을 다시 연구한 후 권장 용량을 남성의 절반으로 줄여서 발표했다. 이미 수많은 여성이 전날 복용한 과량의 졸피뎀 때문에 교통사고 등으로 다치거나 사망한 후의 일이다.

동물 실험도 차별적으로 일어난다. 지금까지 보고된 동물 실험은 100퍼센트 수컷 쥐만을 대상으로 실행된 것이 대부분이다. 암컷 쥐는 "변덕스러운pesky 호르몬의 영향" 때문에 결과를 믿을 수 없다는 이유였다. 여성 고유의 생물학적 특성은 남성들이 지배하는 자연과학 연구계에서는 그저 자신들이 원하는 데이터를 내는 데 방해가 되는 귀찮고 변덕스러운, 그래서 아예 소거해버려야 하는 것으로 치부되었다.

2010년 나는 교수 승진 심사를 받던 중 여성이 남성보다 더 두드러진 통증 반응을 나타낸다는 연구 결과를 발표했다. 그러자 당시 심사에 들어온 사람이 "그런 연구는 안 했으면 좋겠다"라는 말을 하기도 했다. 1960년대에 페미니즘운동이 본격적으로 일어났으니 이미 50년이 넘은 시기였지만, 의료계에서는 아주 최근까지도 이런 식으로 여성을 당연스럽게 소거하는 관행이 고쳐지지 않고 있다.

아주 최근의 논란은 임산부의 예이다. 그동안 여성이 임신을 하면 아무리 중한 병이 있더라도 약을 중단하는 것이 관행이었다. 심지어는 임산부 안전성이 확립된 약제라도 의사들은 중단을 권했고 예비 엄마들도 자발적으로 약을 끊었다. 임신한 여성은 임상 시험의 대상에서 가장 먼저 배제되었기 때문에 대다수 약제에서 임산부 안전성조차 제대로 알려져 있지 않다. 그리고 산모의 건강보다 태아의 안위를 우선시하는 이런 관행에 대해서 그 누구도 의문을 제기하지 않았다. 지금도 내가 강의 시간에 충격적으로 들어서 기억에 남는, 교통사고 때문에 뇌사 상태에 빠진 임산부의 이야기가 있다. 강의를 하던 교수는 이렇게 말했다.

"애를 살리기 위해 5개월 동안 환자를 식물인간으로 살려 놓았지. 만삭이 되어 아이는 무사히 제왕절개로 낳았고 아들이었어. 환자는 수술 후 바로 죽었지."

당시 나는 충격으로 입을 다물 수가 없었지만 정작 말을 한 교수는 자랑스러워했다. 남학생들은 고개를 끄덕이고 있었고 누구도 강의실에서 이의를 제기하지 못했다.

여성이 자신의 건강과 태아의 안위 중 하나를 선택할 권리에 대한 논쟁이 시작된 것은 아프리카의 에이즈 치료 프로그램에서 비롯되었다. 사하라사막 이남의 아프리카는 인구 집단 가운데 에이즈 감염률이 최고인 지역이다. 이라크전쟁의 좋지 않은 결과로 우리에게 실패한 대통령이라는 이미지가 남아 있는 미국 대통령 아들 조지 부시George W. Bush의 가장 큰 업적이 이 지역에서 에이즈 치료 프로그램을 도입한 일이다. 이 프로그램은 감염자들에게 치료제를 대규모로 공급함으로써 아프리카에서 에이즈 확산을 막는 데 큰 기여를 했는데, 최근 가장 효과적인 약제가 기형을 유발할 가능성이 대두되면서 제동이 걸렸다.

치료를 받은 환자의 0.3~0.9퍼센트에서 태아의 신경계 이상이 발생했는데 기존 치료제의 0.1퍼센트에 비해 유의하게 높은 수준이었다. 문제는 이 약제가 기존 치료제에 비해 월등히 효과가 좋은 약제라는 점이었다. 1퍼센트가 안 되는 태아 기형과 그보다 훨씬 높은 임산부의 에이즈 치료 실패 확률을 맞바꾸는 문제에 대해 격론이 일었다. 물론 태아 기형은 가족 전체가 평생을 감당해야 하는 심각한 문제이다. 그러나 엄마의 건강이 보장되지 않은 상황에서 태아의 안위만을 앞세우는 것 또한 바람직한 방향은 아니다.

여성 소거는 다양한 방식으로 이루어진다. DNA 나선 구조를 밝혀서 노벨 의학상을 수상한 제임스 왓슨James Watson의 경우가 남성적인 역사 서술의 대표적인 사례이다. 그의 업적의 토대를 이룬 엑스레이 결정 분석을 한 로절린드 프랭클린Rosalind Franklin은 생화학 교과서 어느 구석에도 이름이 나오지 않았다. 로절린드 프랭클린은 연구를 수행하던 도중 과도하게 방사선에 피폭되어 38세의 나이에 사망하고 만다. 왓슨은 저서 『이중나선』에서 프랭클린을 마치 길거리 지나가는 여자를 용모 품평하듯 언급했으며, 그 업적을 폄하하는 발언을 해서 많은 사람의 공분을 샀다.

남성 우위의 시스템이 우리나라 의료에서 낳은 몇 가지 독특한 현상들을 예를 들어보면, 시장 점유율과 비슷한 개념의 환자 점유율이 암묵적으로 통용되고 있는 것이다. 시장 점유율 1위를 어느 제품이 차지하는지가 회사의 흥망을 결정짓는 것과 비슷한 논리이고 특정 질환에 환자가 가장 많이 몰리는 병원이 되기 위해 무위한 경쟁이 불꽃을 튀었다. 이미 한 환자에 배당되는 진료 시간이 더 이상 짧아질 수 없는 현실에서 일어난 비극인데, 그 결과 진료실을 여러 칸으로 나누고 한 의사가 각 방을 뛰어다니며 진료를 보는 컨베이어 벨트와 같은 극히 기형적이고 병적인 진료 패턴이 자리 잡은 병원들이 생겼다. 그리고 여기에 대해 누구도 제대로 반기를 들지 않았다.

연구 결과가 약으로 개발될 확률이 1퍼센트도 안 되는 상황에서 논문 결과 발표만으로 "B 대학 연구진이 C 질환의 치료제를 개발했다"라는 식의, 거의 가짜 뉴스 수준의 언론 보도 경쟁이 치열해졌고 매스컴은 '10대 명의'와 같은 방식으로 줄 세우기와 과당 경쟁을 부채질했다. 병원들은 매해 "몇 퍼센트 성장"이라는 기치를 내걸고 오로지 돈으로 평가하는 성과주의에 맹목적으로 몰입했고, 그렇게 모은 돈으로 경쟁적으로 크고 높은 병원 건물을 지었다. 마치 화장실에서 서로서로의 신체 부위 크기를 곁눈질하는 남성들처럼….

정량적인 성과에 눈이 멀면 "왜"라는 질문은 실종된다. 의료는 오로지 항상 답을 내놓아야 하고 항상 무엇인가를 해야 하는 사업으로 탈바꿈하고, 그 결과가 온갖 의미 없는 검사들의 난무와 사망 직전까지 시행하는 의료 행위 수의 폭발적 증가로 나타난다.

'승자 독식' 내지는 '2등은 아무도 기억하지 않는다'는 패러다임이 낳은 결과들은 소위 '1인자'가 무소불위의 권력을 휘두르는 폭력적이고 야만적인 시스템으로 이어졌고 병원 안에서는 하급자를 비인간적으로 대우하는 사례가 끊이지를 않았다. 어떤 업적을 놓고 그 업적을 이루기 위해 공을 들인 주변의 모든 사람을 말소하고 한 명의 영웅을 세우는 체계는 수많은 갑질을 정당화하는 부조리로 이어졌다.

지금까지 열거한 현상들이 남성이라는 성별에 고유하다고 말하는 것은 또 하나의 오류일 것이다. 그러나 남성이 절대 우위를 점하고 있었던 지금까지의 의료계에서 일어난 일이니 만큼 '여성의 시각으로 세상을 보아야 한다'는 페미니즘의 입장을 빌려와서 문제를 지적하는 것이 부당한 일은 아닐 것 같다. 의과대학, 의사 협회, 대형 병원 어느 곳이든 여성에게 최고 결정권자는 고사하고 제대로 된 리더십의 위치가 돌아간 곳은 거의 없었다. 가뭄에 콩 나듯 여성이 리드하는 대학이 있기는 하지만 남성보다 더 심한 왜곡된 성과주의로 악명을 떨치기도 한다. 여성 리더의 수가 더 많아지고, 그래서 별종이 아닌 보통의 생각을 가지는 여성들이 주요 결정을 하는 일이 많아진다면 나아질 수도 있을 것으로 생각한다.

# 하얀 거탑

## – 대학 병원에서 일어나는 일

당신은 교수에게
진료받고 계십니까?

문화적으로 상아탑을 존중하는 한국에서 '교수'는 가장 선망받는 직업군에 속한다. 연봉이 높거나 한 것도 아닌데 수많은 고급 인력이 교수 자리를 차지하기 위해 젊음을 바친다. 그러나 임용되기까지의 과정은 '보따리 장사'로 자조되는 시간강사들의 이야기로 대표되듯 거의 지옥에 가까운 경우가 많다. 그럼에도 교수의 인기가 높은 이유는 전공 분야의 권위자라는 인정, 정년 보장으로 상징되는 직업적 안정, 그리고 우리나라의 경우 학문 숭상 후광 효과가 더해지기 때문이다.

의학과는 대학에서 가장 교수가 많은 학과이다. 어느 대학이나 총장 선거를 할 때 의대 교수들의 움직임을 살핀다. 외견상으로 볼 때 의과대학 교수 임용은 타 학과에 비해 수월하게 보인다. 보따리 장사의 문제도 없고, 타과의 경우 국내 박사 출신보다 해외 박사 출신이 상대적으로 우세한 위치를 차지하는 경우가 많은데, 의과대학은 압도적으로 국내 박사 출신이 많다.[6] 의과대학과 수련 과정이라는 비교적 좁은 울타리 안에서 한 다리 거치면 다 아는 사이가 되기 때문에 학력 위조 등의 스캔들도 없는 편이다. 그래서 의과대학으로 진학하면 교수가 되는 것이 상대적으로 수월할 것처럼 보인다. 실상은 어떨까?

우리가 '교수'라는 직책을 들었을 때 가장 먼저 머리에 떠오르는 이미지는 '학문적 업적, 제자 양성, 정년 보장이 되는 자율적이고 안정적인 직업' 정도일 것이다. 한 걸음 더 나아가 '사회적 소명', '시대의 양심'이라는 생각까지 든다면 참 좋겠는데 대학의 본질적인 가치가 훼손되고 있는 현대 사회에서는 점점 그런 의미가 퇴색하고 있다.

의과대학을 나와서 교수가 되는 과정은 기초 의학을 할 것인지, 임상 의학을 할 것인지에 따라 크게 달라진다. 기초 의학을 하는 경우는 환자 진료와는 무관한 해부학, 생화학 등의 분야에 종사하고, 당연히 교수직을 전제로 하는 진로가 된다. 임상 의학의 길을 택하는 경우 1년의 수련의(인턴) 과정과 3~4년의 전공의(레지던트) 과정을 거쳐서 전문의 자격증을 취득하는 경우가 일반적이다. 그러면서 전공의 과정 중 대학원까지 진학하고 학위를 받는 경우도 있는데, 전공의의 살인적인 업무량을 감안하면 어떤 형태로든 제대로 된 학위가 되기는 힘들다. 기초 실험실에 거액의 금액을 희사하고 논문을 만드는 관행이 한동안 성행했던 것도 그런 이유였는데, 이제는 없어졌지만 지금도 의과대학 학위의 권위를 실추시키는 사례로 언급된다.

교수의 길을 걸을 생각을 한다면 남자들의 경우 병역을 마치고 돌아와서 전임의 과정을 밟는 경우가 일반적이다. 여자들의 경우 병역의 의무가 없는 대신 그만큼 더 오래 전임의 과정을 하게 된다. 즉 남자들이 병역을 마치고 2년간 전임의를 하고 발령받는다면, 여자들은 5년간 전임의를 해야 한다. 여의사들에게 병역을 마친 남자와 같은 나이가 되어야만 발령을 받을 기회를 주는 것은 대표적인 불합리한 성차별 관행에 속한다. 전임의 과정 동안 부지런히 진료도 하고 연구도 하면서 학위도 마치고 논문도 쓰고 교수 임용 기회를 보게 되는데, 일반 대학과 달리 의과대학은 교수 타이틀을 달기가 어렵지 않다. 교수라고 불러주는 자리가 많기 때문이다. 그런데 이 자리들이 다 우리가 생각하는 '교수'의 자리라고 생각하면 큰 오산이다.

일반인들이 인식하기로 교수라고 하면 교육부에서 인정하는 전임 교수, 즉 정년 보장 트랙을 밟는 조교수, 부교수, 정교수를 연상하겠지만 현실은 훨씬 복잡하다. 일반 대학에는 연구교수, 강의 전임 교수 등 다양한 이름의 교수가 있고, 이들을 정년 트랙 교수와 구분해 '비정년 트랙 교수'라 통칭한다.[7] 대부분 2~3년마다 재계약을 하기 때문에 일반 기업의 계약직과 크게 다르지 않은 형편이고 신분상의 불안정함 때문에 대학으로부터 착취에 가까운 대우를 받는 경우도 많다. 심하게 말하면 대학이 교수라는 타이틀을 팔고 인건비를 절감함으로써 수익을 내는 장사를 한다고 할 수 있다.

의과대학도 크게 다르지 않다. 의과대학 중에서 가장 특권 계층이라 할 수 있는 서울대학교 의과대학이 제일 먼저 '기금 교수' 제도를 만들고 비정년 트랙을 대량으로 양산하기 시작했다. 교수 타이틀을 달 수 있는 문이 넓어진 대신 '기금 교수'들은 전임 강사 발령을 받으면 정년 트랙으로 바로 진입할 수 있었던 선배들에 비해 훨씬 더 혹독한 강도의 노동을 해야 전임 트랙으로 올라설 수 있었고, 그 과정에서 많은 사람이 전임 트랙을 포기하거나 이탈했다.

1990년대 후반 재벌 계열 병원에서부터 대학 병원에서 임용하는 의사들을 아예 처음부터 두 트랙으로 나누는 움직임이 시작되었다. 즉 연구를 안 하고 논문을 안 쓰고도 교수 호칭을 유지할 수 있는 임상 트랙이라는 것이 생겼다. 이렇게 교수 호칭의 기준이 느슨해지면서 개원의들에게 외래 교수 타이틀을 주는가 하면 심지어는 전임의에게도 교수 타이틀을 주고 진료를 보게 하는 경우도 있다. 환자들은 그런 내막을 전혀 알지 못하고 자신이 자신의 기준으로 알고 있는 교수에게 진료를 받고 있다고 믿고 있다. 대학 병원에서는 정년 트랙 교수보다 훨씬 많은 비정년 트랙 교수를 유지하기 때문에 이런 착시 효과는 강고해진다.

연구도 하지 않는 사람에게 교수 타이틀을 붙여 진료를 보게 하는 것은 환자들의 입장에서 볼 때는 기만이다. 일본이나 독일과 같이 테뉴어(정년 보장)가 부여된 사람에게만 교수 타이틀을 주는 시스템을 적용한다면 우리나라 대학 병원 환자의 거의 대부분은 교수가 아닌 사람에게 진료를 받고 있다고 해도 과언이 아니게 된다.

　요즘의 의과대학 정년 심사는 날이 갈수록 문턱이 높아지고 있어서 젊은 교수들의 불만도 매우 많다. 연구 여건이 좋지 않은 대학들에서도 너무 요건을 까다롭게 해서 정년 보장을 받는 것이 하늘의 별 따기처럼 어려워지고 있기 때문이다. 젊은 교수들 입장에서는 자신들은 이런 어려운 절차 없이 쉽게 테뉴어를 받아놓고 후배들의 사다리를 걷어차는 선배 교수들이 야속하기도 하고, 결국 병원이 자신들을 돈벌이 수단으로만 간주하는 것은 아닌가도 의심한다. 명목상으로야 학교의 경쟁력을 높이기 위한 논문 기준 강화라고 하지만 속내가 정년 보장을 받는 교수 수를 줄이는 것이라면 병원들도 함부로 교수 호칭을 남발하며 환자를 우롱해서는 안 될 것이다.


　가짜 논문, 가짜 상아탑


의과대학은 대학의 모든 과를 통틀어 가장 많은 논문을 생산하는 과이기도 하다. 의과대학 교수들은 때로는 많이 억울해하는데, 연구와 교육이라는 두 가지 의무에 진료라는 큰 의무가 지워지기 때문에 항상 다른 교수들에 비해 격무에 시달린다고 생각하기 때문이다. 그럼에도 의과대학에서 가장 많은 논문이 나온다는 것도 아이러니한 일이다.

몇해 전 가짜 학술지, 가짜 학회의 사례가 보도되면서 많은 사람에게 충격을 안긴 일이 있었다. 한 공중파 방송에서 보도한 가짜 학술지의 사례인데, 이름을 "Kim Gatcha(김가짜)"로 넣고 논문 본문은 여러 웹사이트에서 모은 내용을 누더기처럼 복붙해서 입력한 결과 바로 논문 발간이 승인되었다는 안내문이 뜨며 투고료를 입금하라는 지시가 나왔다. 이를 보고 놀라움을 금하지 못한 이가 많을 것이다. 가짜 학회의 경우도 한심하기는 마찬가지인데 해외의 이름난 관광 도시에서 돈만 내면 무슨 내용의 발표를 하는지도 묻지 않고 발표 기회를 주고, 연구자들은 이를 빌미로 해외여행을 떠날 기회를 가진다. 어차피 경비는 연구비로 지출되는 것이니까 신경 쓸 필요도 없다. 이런 관행은 밝혀지기 전까지 꽤 오랜 기간 지속되었고 오히려 학계의 자정 절차가 너무 더뎠다.

내가 교수 생활을 시작하던 2000년대 초반만 해도 연구 결과를 정리해서 논문을 발간하는 것은 혼을 담아서 하는 일이었다. 결과를 발간할 수 있는 학술지도 많지 않았고 문턱을 넘는 것도 쉽지 않았다. 논문을 출판하는 과정은 크게 '연구 결과를 정리·분석해서 논문을 작성하는 단계 → 기고할 학술지를 선정하고 투고하는 단계 → 동료 연구자들에 의한 심사 단계 → 심사자의 의견을 반영해 논문을 교정하는 단계 → 논문 출판'으로 나눌 수 있고 투고에서 출판 결정까지만 해도 1년이 넘게 걸리는 것이 보통이었다. 과학 논문의 경우 기획, 데이터 도출, 작성 등의 시간을 포함하면 3년 정도는 기본적으로 소요가 되고 최악의 경우 데이터를 얻지 못해 논문을 못 쓰는 경우도 많다. 아무리 좋은 가설을 세우고 연구를 해도 실험 결과가 예상한 대로 안 나와버리면 그만이기 때문이다. 그리고 과학 연구는 실패가 더 흔하다.

10년 정도 전부터 "우리 학술지에 논문을 내달라"라는 이메일이 날아 들어오기 시작했다. 그 시기는 미심쩍은 해외 기관들에서 대학 평가를 하고, 그 랭킹을 공개하던 시기와 맞아떨어진다. 이때부터 대학들에서 논문의 질보다는 양을 따지기 시작하는 경향이 생겼고, 독버섯처럼 논문 투고를 요청하는 이메일이 늘어나기 시작했다. 요즘은 의과대학의 경우 기본적으로 교수 1인이 최소한 1년에 한 편 정도 논문을 내야 하는데, 가뜩이나 바쁜 의대 교수들이 한 번에 평균 서너 개의 과제를 붙들고 있어야 성취할 수 있는 분량이다. 당연히 논문의 질이 좋아질 수가 없다. 불과 10여 년 전까지만 해도 논문 한 편 없이 정년 심사를 통과하는 일이 비일비재했던 의과대학들이 많았는데, 이렇다 할 연구 환경의 개선도 없이 갑자기 이런 식의 변화를 요구하면 어떤 일이 생길지는 쉽게 예상할 수 있다. 가짜 학술지, 가짜 학회의 단골손님이 의과대학 교수들이라는 것이 밝혀진 것은 크게 놀랄 일은 아니다.

『뉴스타파』의 2019년 보도에 의하면 가짜 학회의 대표격인 오믹스OMICS 학술대회에 제출한 "발표용 초록" 1848건을 분석한 결과, 주요 병원 및 의과·치과·간호·한의·약학대학 연구팀이 제출한 발표 자료들이 절반을 넘는 57퍼센트를 차지했다.[8] 학교별로 보면 서울대 소속 연구자들이 가장 많은 151건이었고 연세대, 경희대, 성균관대, 고려대의 순서로 네임 밸류가 무색하게 속칭 일류대학의 발표 수가 수위를 점했다. 이는 해당 대학의 전체 논문 편수와 비례한다고 보면 큰 틀림이 없을 것이다.

연인원 기준으로 오믹스 학술지에 논문을 게재한 학자가 가장 많이 소속된 기관은 서울대(162명)였고, 이어 연세대(112명), 국립암센터(69명), 인제대(64명), 고려대(62명), 차의과학대(48명) 순으로 나타났는데, 전체 교수 숫자 대비 오믹스 투고 교수의 숫자로 보면 인제대, 차의과대학 등은 유별난 경우이기는 하다.[9] 서울대의 경우 사태 발생 직후 해당 교수들에게 징계처분을 내리고 그 사실을 공개했지만 나머지 기관들에서는 이것이 어떻게 처리가 되었는지 불분명하다.

오믹스 산하 가짜 학회인 와셋WASET 학술대회 참가국의 순위를 보면 한국이 세계 5위였고, 개인 순위를 보면 한국 학자가 세계 2, 3, 4, 6위로 불명예 전당에 등극했다. 2019년 3월 미국 법원은 오믹스에 '기만적인 영업을 중단하라'는 명령과 함께 과징금 5010만 달러(약 570억 원)를 선고했고 또 다른 학술지 『온코타겟』oncotarget은 의학 저널 검색 사이트에서 삭제가 되기도 했지만, 이런 일은 근절되지 않을 것 같다. 입시용 스펙에까지 활용되는 등 수요가 넘치기 때문이다. 오늘도 아침에 일어나 이메일 계정에 접속해서 하는 주된 업무가 이메일에서 이런 미심쩍은 학술지들의 논문 기고 청탁들을 삭제하고 메일함을 청소하는 일인데 그 숫자가 매일 늘면 늘었지 줄지는 않고 있다.

와셋이나 오믹스처럼 대단위로 사기를 치는 집단은 적발이라도 되지만 소소한 사기 행위들은 적발하기도 어렵다. 1988년 노벨 생리의학상 수상자 페리드 뮤라드Ferid Murad는 논문의 개수에 기반한 연구자 평가 시스템이 존재하는 한 가짜 학술지의 문제는 고쳐지지 않을 것이라 말했는데, 현실적으로 논문의 질을 평가할 수 있는 방법이 제한적이기 때문에 가짜 뉴스의 상아탑 버전인 가짜 학술지의 문제는 근절되지 않을 것으로 보인다. 근절은 고사하고 아예 양질의 연구들을 밀어낼 가능성도 있다. 나날이 폭발적으로 늘어나는 논문 투고 수 때문에 논문 출판의 핵심인 동료 평가를 제대로 할 수 없는 지경이 되고 있기 때문이다.

연관되는 것이 연구 결과 조작의 문제인데 이는 비단 가짜 학술지에 국한되거나 우리나라에만 있는 문제가 아니다. 그런 일은 도무지 안 할 것 같은 일본에서도 만능 줄기세포 스캔들이 있었고 실제로 부정을 저지른 연구자가 아닌 그녀를 지도한 교수가 스스로 목숨을 끊는 사태로 발전한 바 있다. 그러니 연구비나 연구 환경이 제대로 갖추어지지 않은 상황에서 무리하게 성과를 독려하는 경우는 조작이 성행할 것이라 보아도 큰 무리는 없을 것이다.

『US 뉴스 앤 월드리포트』US News & World Report라는 미국의 시사 주간지는 그들이 개발한 대학 평가 모델이 학생들이 대학을 선택하는 기준으로 활용되기 시작하면서 마케팅에 크게 성공했다. 그러나 평가에 이용된 지표들은 논문 수, 교수 수 등 쉽게 정량화할 수는 있지만 교육의 질과는 큰 상관이 없는 것들이었기 때문에 곧 문제가 드러났다. 미국에서 많은 대학이 이 잡지가 요구하는 데이터 입력을 거부하기 시작하자 『US 뉴스 앤 월드리포트』는 세계로 눈을 돌려 세계 대학 평가 시스템을 만들어 출판하기 시작했다. 미국이야 거부하는 대학들이 많다 해도 세계에는 이 시원찮은 주간지의 총애를 받아 대학의 네임 밸류를 올리고 싶어 하는 학교들이 줄을 서고 있었다.

　『US 뉴스 앤 월드리포트』의 성공을 본 많은 유사 기관은 서둘러 자신들만의 시스템을 개발하고 자체적인 대학 평가 결과를 공포하기 시작했다. 우리나라도 예외가 아니어서 지명도가 떨어지는 대학들은 목숨을 걸다시피 대학 평가에서 좋은 순위를 받으려고 몸부림을 쳤다. 하지만 그 결과 질 낮은 논문이 양산되었다. 『US 뉴스 앤 월드리포트』는 최근 사업 영역을 대폭 확장해서 한층 더 짭짤한 수익 모델을 개발했다. 어떤 영역일까? 눈치챘겠지만, 병원 평가이다.

무조건적인 양적 평가에 기인한 질 낮은 연구 결과의 대량 생산과 이에 의한 낭비 못지않게 큰 문제는 연구가 생산하는 지식의 방향에 있다. 연구자가 아무리 좋은 생각을 가지고 있어도 이 연구자를 지원해주는 시스템이 없다면 연구를 할 수 없다. 물론 러시아의 과학자 세르게이 지모프Sergey Zimov 같은 사람은 꼴 보기 싫은 상급자들로부터 멀찌감치 떨어져 시베리아로 가서 아들과 함께 지구온난화에 의해 영구 동토가 해빙되면 닥칠 파국을 연구했지만, 어디까지나 '미친 과학자'라는 딱지를 붙이고 다녀야 한다. 연구자를 지원하는 시스템은 정확히 이 연구자가 어떤 연구를 해야 한다는 것을 지정한다. 과학 연구의 최첨단 국가인 미국에서는 이 시스템의 대부분을 국민의 세금으로 지원한다. 그러나 상당히 큰 부분이 사립 기관, 정확히 말하면 기업에 의해 지원이 되기도 한다.

기업이 지원한 연구의 결과가 비판의 대상이 된 예는 헤아릴 수 없을 정도로 많다. 대표적인 것이 담배의 해악을 축소하기 위해 담배 회사들이 지원한 연구 결과들이다. 담배가 몸에 미치는 직접적인 영향들을 더 이상 은폐하기 어려워지자 방향을 바꾸어 간접 흡연의 피해를 은폐하는 연구를 지원하기 위해 연구자들에게 막대한 물량 공세를 퍼부은 사례는 유명하다.

멀리 볼 것도 없이 우리나라의 가습기 살균제 사태 때, 옥시레킷벤키저(옥시)에서 가습기 살균제 흡입 독성 실험을 의뢰

받아 연구를 수행한 서울대 수의학과 조 모 교수가 수뢰 후 부정 처사 혐의로 재판을 받은 건이 있다. 서울대 연구진실성위원회가 "연구데이터를 축소·왜곡 해석해 진실하지 않은 연구결과를 도출했다. 연구진실성 위반 정도가 매우 중대한 것으로 판단된다"라고 결론 지었던 이 사건은 2021년 대법원에서 무죄 판결을 받았고 피해자들은 강하게 반발했다.

　기업의 이익을 대변하는 연구의 문제가 늘 명백히 눈에 보이는 것은 아니다. 영국 옥스퍼드대학과 런던 위생 열대의학대학원, 이탈리아 보코니대학 공동 연구팀은 코카콜라로부터 연구비를 지원받은 연구자 명단을 바탕으로 연구비 수주의 투명성과 학계 네트워크의 영향력, 연구 주제를 검토했다.[10] 결과는 다음과 같았다.

　　연구비 수주 관계의 투명성: 없었다. 코카콜라가 지원한 연구자 중 회사로부터 연구비를 지원받았음을 공개한 연구자는 전체의 20퍼센트에 불과했다.

　　학계 네트워크의 영향: 코카콜라의 이익을 대변하는 데에는 학계에서 높은 지위를 가진 사람들이 더 적극적이었다. 코카콜라 지원을 받은 연구자 중 가장 많은 논문을 쓴 연구자는 미국 스포츠의학회의 전 회장이었다. 그는 열량 섭취를 많이 했을 때(즉 코카콜라와 같은 탄산음료를 많이 먹었을 때) 열량 균형의 변화에 관한 연구로 540만 달러의 연구비를 받았고, 세계 열량 균형 네트워크의 설립에 중요한 역할을 했다. 이

단체는 "많은 칼로리를 섭취하더라도 중등도 이상의 신체 활동을 실천함으로써, 즉 '열량 균형'을 실천함으로써 전 세계 비만 문제가 해결될 수 있다"는 주장을 반복하며 비만의 원인이 청량음료 같은 유해제품이 아닌, 개인의 신체 활동 부족 때문이라는 메시지를 전파하고 있다. 웨스트버지니아 대학교 보건대학원의 전 학장, 미국영양학회와 캐나다당뇨협회 회원 등이 이 집단에서 활동하고 있어 코카콜라의 이익을 대변하는 연구자의 네트워크는 탄탄하다.

**코카콜라가 지원하는 연구 내용:** 당연하지만 코카콜라의 판매에 도움이 되는 연구가 대부분이다. 이들 연구는 설탕 섭취와 비만의 관련성을 희석하는 데이터를 도출하고 있고 이 연구들은 『랜싯』Lancet, 『미국 의사 협회지』 등 초일류 학술지에 실리고 있다.

의사는 기업이 지원하는 연구에 가장 많이 참여하는 직업군에 속한다. 새로 개발되는 약의 효능을 평가하는 임상 시험은 환자를 대상으로 하기 때문에 의사가 아니면 할 수 없다. 나만 해도 제약 회사가 지원하는 임상 시험을 동시에 여러 개 진행하고 있다. 물론 나름의 기준을 정해서 사실을 왜곡하고 양심을 속이는 수준의 연구는 받지 않고 있지만, 누군가의 기준에서 보면 나도 기업의 이익을 대변하는 악덕 교수로 비칠지는 모르겠다.

기업이 지원하는 연구라 해서 모두 그 기업의 이익을 대변하는 방향의 결과가 나오는 것은 아니다. 환자의 생명이 달린 임상 연구의 경우 엄격한 기준에 의해 진행되고 임상 시험의 프로토콜은 다중의 검토를 받으며 임상 시험의 프로세스는 다양한 감시와 실사를 거친다. 제약회사의 입장에서도 연구 과정의 부정이 드러나는 경우 수년간 공들여온 신약 개발이 물 건너 갈 뿐 아니라 인체를 대상으로 하는 연구에 요구되는 엄정성을 어긴 페널티를 감당할 수 없기 때문에 자체적으로 신뢰할 수 없는 연구자들은 배제하는 과정을 거친다.

그럼에도 불구하고 임상 연구의 결과가 지원 주체에 따라 흔들리는 경우가 적지 않다. 관절염 치료제로 한동안 각광을 받아왔던 글루코사민의 경우가 그 예인데 초기에 발표된 임상 연구에 따르면 모두 글루코사민이 효과가 있는 것으로 보고가 되었지만 뒤로 갈수록 효과가 없다는 보고가 많아졌다. 흥미로운 것은 연구의 규모가 클수록, 그리고 회사의 지원을 받지 않은 연구일수록 효과가 없다는 결과가 많았다. 이들 연구는 투여된 약물이 진짜 약인지 가짜 약인지 환자나 의사가 모르게 진행하는 엄정한 이중 맹검 시험이었다. 그런데도 연구비를 누가 지원했는지에 따라 다른 결과가 나오는 것을 보면 무서운 생각이 든다. 결국 글루코사민은 최종 판정에서 효과가 없는 것으로 결론 지어졌고 보험 급여 등재에서도 탈락했다. 이미 수백억 원의 건강보험 재정이 소요된 후의 일이었다. 아직도 글루코사민은 건강 보조 식품으로서 명맥을 유지하고는 있는데 이것이 이 약이 원래 있어야 할 자리였다.

국가가 지원하는 연구라 해서 반드시 무해한 결과를 도출하는 것도 물론 아니다. 대놓고 사기극을 벌인 황우석 사태도 있지만 그보다 더 해로운 것은 연구 주제의 다양성을 말살하고 특정 방향의 연구만을 집중적으로 지원하는 경우일 것이다. 2019년도에 주요 보건 의료 연구비 지원기관인 보건산업진흥원은 해마다 개별 연구자들로부터 아이디어를 모아서 심사하고 연구비를 지원하던 방식을 버리고 상명하달식 연구비 지원 시스템을 도입해서 많은 연구자를 경악시켰다. 지원 분야는 유전자, AI, 빅데이터로 매우 좁게 한정이 되었고, 많은 연구자는 지원할 분야가 없어져서 연구비 보릿고개를 넘거나 연구실이 폐쇄될 기로에 서게 되었다.

물론 지정한 분야가 유망 분야라는 것은 인정하겠는데, 전국의 수많은 연구자의 아이디어를 합한 것이 공무원들이 지정하는 소위 유망 분야 몇 개보다 가치가 없다는 발상은 참으로 위험하다. 이런 식으로 나가면 앞으로 연구자나 연구자의 아이디어는 필요가 없는 시대가 곧 올 것 같다.

실제로 요즘 진행되고 있는 연구들의 경우 환자들의 검체를 모아 유전자를 추출하고 기계를 돌려 대량으로 발현 양상을 분석하는 방식으로 아예 가설이 필요 없는 연구가 많다. 내가 20여 년 전 미국에서 처음으로 실험 연구를 시작했을 때 이런 식의 연구는 "영혼이 없는 낚시질"이라고 비아냥을 들었는데, 이제는 낚시질이 연구의 영혼이라 할 수 있는 가설과 검증을 몰아내는 시대가 된 것이다. 그런데 연구 논문은 점점 재미가 없어져간다. 그저 이러저러한 데이터들을 주욱 늘어놓는 수준일 뿐 "왜, 어떻게"라는 진리 추구의 기본적인 질문에 대한 답은 하지 못하기 때문이다.

이런 식으로 대량의 데이터를 분석하고 취급하는 것은 자본을 가진 집단이 아니면 할 수 없는 일인데, 그 결과로 빅데이터에서 도출되는 정보는 이들의 손에 들어가 개인으로서는 알수도 없는 과정으로 프로세스되어 이들의 이익을 위해 이용된다. 그 과정에서 개인은 점점 무용한irrelevant 존재가 되어 주요 의사 결정자들로부터 고립된 얼굴 없는 덩어리가 되어버린다. 공공선과 진리 추구를 위한 연구의 길이 자본에 부역하는 방향으로 돌아서는 징후이다.


## 무한 평가와
## 무한 줄 세우기

점수 매기기와 서열화는 대학에만 국한된 이야기는 아니다. 우리 사회는 오래전부터 점수에 의한 줄 세우기에 중독이 되어왔고 그 경향은 병원에서도 심화된다. 상급 종합병원을 방문하는 환자들은 누구나 병원 문 앞에서 "급성기 뇌졸중 치료 1등급 병원", "심혈관 질환 치료 1등급 병원"이라고 적힌 현수막을 보게된다. 건강보험 심사평가원이 정기적으로 그 병원이 해당 질환치료를 얼마나 적절하게 하고 있는지를 평가하는데, 이 적정성 평가의 결과를 홍보에 활용하는 것이다. 환자들은 이런 정보라도 있어서 병원을 신뢰하고 다닐 수 있고 병원은 진료의 질을 높이기 위해 노력하기 때문에 매우 좋은 제도라고 생각할 수 있다. 그런데 '2등급'이라고 써 붙인 현수막을 본 일이 있는가? 이 대목에서 의아한 생각이 들 수도 있다. 모든 병원이 1등급이란 말인가?

사실 거의 대부분의 병원들이 1등급을 받고 어쩌다가 1등급을 못 받게 되면 그 병원은 초비상이 걸린다. 그리고 그다음 해에는 어떻게든 1등급을 받기 위해 의료진들을 닦달한다. 실제로 의료기관 평가가 공헌한 부분들이 꽤 있다. 대표적으로 감기 환자들에게 항생제 처방률이 낮아진 것이 꼽힌다. 그러나 의료의 질 평가는 감기에서의 항생제 처방률과 같이 단순한 사안만은 아니다.

허혈성 심장 질환의 적정성 평가 과정에 들어가는 지표로, 치료 후 재발 등을 원인으로 재수술받는 환자의 비율이나 치료 후 30일 내 사망률이 있다. 일반적인 생각과는 달리 이들 지표는 수술한 의사의 기술보다 수술 전 환자 상태가 어떠했는지가 더 중요한 결정 인자가 된다. 즉 수술 전 나이가 많거나 여러 가지 동반 질환을 가지고 있는 환자들의 경우 당연히 합병증이나 사망의 가능성이 높아진다. 적정성 평가를 너무 엄격하게 하면 의사들은 당연히 이런 위험 환자들의 수술을 회피하고 사망이나 합병증 관련 항목에서 감점을 피하는 식으로 반응하게 된다.

미국의 사례인데, 재입원율을 기준으로 한 평가에서 가난한 환자들을 주로 진료하는 병원의 성적이 제일 나쁘게 나오면서 (미국은 부자가 가는 병원과 가난한 사람이 가는 병원이 우리나라보다 훨씬 심하게 구분된다) 페널티를 가장 많이 받았다. 그 바람에 부자들이 가는 병원과의 수익 차이가 더 크게 벌어진 것은 잘 알려진 일이다. 어떤 병이든 생존율을 결정짓는 가장 중요한 요인은 환자의 사회적·경제적인 상태로, 쉽게 말하면 '유전장수 무전단명'인데 가난한 환자들은 가난이 몰고 오는 수십 가지의 불행 때문에 같은 병에 걸려도 부자보다 빨리 사망한다. 당연히 가난한 환자들은 같은 심장병을 가지고 있어도 부자보다 재입원 등 여러 지표가 좋지 않다. 꼭 그 병원의 치료가 잘못되어서 그런 게 아니지만 평가 지표들은 이런 질병의 사회적인 측면을 평가하지 못한다.

우리나라에서 관상동맥질환의 질 평가 사업은 병원들의 진료 수준을 고르게 향상시켜 환자들이 가까운 병원에서도 쉽게 치료받을 수 있는 여건을 만들겠다는 소기의 목적을 가지고 시행되었다. 그런데 소소한 병원 간 점수 차이를 공개함으로써 병원 줄 세우기를 조장하는 결과가 나왔다. 관상동맥이 막히게 되면 '시간은 금'이라는 말이 적용될 만큼 분초를 다투어 막힌 혈관을 신속히 뚫어야 하고 거리상 가장 가까운 병원을 가는 것이 원칙이다. 그럼에도 이 줄 세우기 결과를 보고 1등을 한 병원을 가겠다는 환자들이 길 위에서 시간을 낭비하는 일이 있었는데, 부산에서 KTX를 타고 서울대병원 응급실로 온 환자의 사례는 유명하다.[11]

급성 질환처럼 평가의 방법론이 단순한 경우도 있지만 대부분의 질환은 제대로 평가하기 쉽지 않기 때문에 방법론을 확립하는 데 매우 신중해야 한다. 그런데도 그런 절차 없이 평가가 이루어진 일들이 매우 많다. 문제를 지적하면 엉뚱하게 "평가에 저항하는 의사 집단"이라는 논지를 벗어난 비난을 하는 것은 이제는 좀 중단해야 할 것 같다. 방법론이 결여된 연구는 믿을 수 없는 결과를 낳게 되고, 궁극적으로 국고를 낭비하며 국민 건강에 해악을 끼치는 꼴이 되기 때문이다.

# 사기업이 된 병원들

+

티브이 화면에서 자본주의가 색을 쓰고

신문지상에서 활자들이 혼음한다.

—  최승자, 「꽉」

# 공공의료? 공공 염불?

팬데믹이 쏘아 올린 화두,
공공의료

코로나19 팬데믹 상황에서 우리는 우리나라의 인구 1000명당 병상 수가 12.4개로 세계에서 가장 많은 수준이지만, 그 가운데 공공병원 병상 수는 10퍼센트에 지나지 않아 OECD 최하위를 기록했다는 사실을 알았다. 이 책의 모든 내용은 국가가 의료를 내팽겨쳤을 때 생기는 많은 문제를 지적하는 것과 관련된다. 따라서 이 책에서 국가가 책임 지는 공공의료를 어떻게 구현해야 하는지를 살펴보는 것은 비단 코로나라는 팬데믹 상황뿐 아니라 지역간 의료 불균형이나 의료의 과도한 영리 추구 문제를 해결하는 실마리가 된다.

인구 1000명당 병상 수가 우리나라보다도 더 많은 일본은 그중 30퍼센트 정도가 공공병원 병상이다. 팬데믹처럼 예상하지 못한 급박한 사태가 오면 어느 나라든 충분한 병상을 확보하는 일은 쉽지 않고, 밀려오는 환자들을 위해 급격히 병상을 늘렸다가 팬데믹이 종식되는 경우 남는 병상을 어떻게 처리해야 하나라는 문제도 있다. 그러나 우리나라는 감염 환자를 입원시킬 병상 자체가 극단적으로 부족해서 팬데믹 초기에 코로나19를 제대로 치료할 수 있는 시설은 국가 지정 격리병실 161개뿐이었으며 국가 지정 음압격리병상은 더 부족했다.

이것이 갑자기 튀어나온 문제는 물론 아니었다. 오랜 시간 국가의 공적 의료에 대한 책임 의식이 실종된 결과일 뿐이다. 권용진 서울대병원 교수는 '공공의료'가 우리나라 외에는 세계 어디에서도 사용되지 않는 말임을 밝혔다. 많은 선진국에서 의료는 당연히 공공의 성질을 가지는 것으로 우리가 마시는 공기나 수돗물을 공공 공기, 공공 물이라 하지 않는 것과 마찬가지 개념이다. 어떻게 보면 '공공의료'라는 용어 자체가 국가가 의료에 대한 책임을 방기해온 긴 역사에 대한 면피용 급조어일 수 있다.

팬데믹 사태에서 그동안 공공의료 확립에 어떤 능력도 발휘해오지 못한 정치인들이 물을 만난 듯 '공공의료'에 대한 목소리를 높이기 시작했다. 그 과정에서 정부가 공공 일자리를 만들지 않고 시장화된 의료로 내몰았기 때문에 민간 부문에 종사할 수밖에 없었던 의사들은 불행히도 도매금으로 악당이 되었다.

대한민국 의료의 10퍼센트 남짓한 미미한 부분만 차지하고 개념조차 불분명한 공공의료가 그렇게 중요하다면, 지금 절대 다수를 차지하는 민간병원들이 행하는 의료는 과연 무엇일까? 그냥 돈벌이 수단이고 악의 근원일까?[1]

우리나라의 의료는 국민건강보험제도가 수가를 통제하고 있고 건강보험 수가는 공공의료 기관이나 민간병원이나 모두 동일하다. 또한 종합병원급 이상의 대형 병원은 민간병원이라도 필수 진료과목을 두도록 강제하고 있으며 필수 진료과목은 수지타산을 이유로 함부로 없애거나 할 수 없다. 물론 경영자가 많은 핍박을 주고 인력 지원을 제한해 정상적인 진료가 안 되는 지경까지 몰아붙이는 일은 수도 없이 많고, 거기에 대해서 정부는 뒷짐만 질 뿐 어떤 대책도 마련하지 않는다. 흉부외과 등 기피되는 과가 생기는 문제도 기실은 과의 경영을 수지타산 따지는 민간 자본에게 떠넘겼기 때문에 생긴 일이다.

우리나라에서 의료 기관 개설은 의료인이나 국가 또는 비영리법인만 할 수 있고 영리 회사의 참여가 원천적으로 봉쇄돼 있다. 또한 '요양 기관 강제 지정'이라는 제도를 마련해서 민간이 운영하는 의료 기관이 절대 다수임에도 대한민국의 의료 기관은 국가의 강력한 개입하에 놓이게 된다. 이는 대한민국의 모든 의료기관을 건강보험의 적용을 받는 기관으로 묶어놓는 법으로 대부분이 민간 소유인 의료 기관을 공공 재원을 투입하여 운영하는 국가 기관과 동일하게 구속하는 제도이며, 유럽과 미국, 일본에는 존재하지 않는 제도이다. 현실이야 어떻든 대한민국 병원은 대놓고 영리를 추구할 수는 없고, 강력한 제도의 통제를 받지 않는 기관도 없다. 물론 이런 정부의 통제 수단이 의료 기관의 돈벌이를 얼마나 효율적으로 억제하는지는 완전히 다른 이야기이고, 이에 대해서는 이 책의 다른 부분들에서 계속 지적했다. 의사들의 불만이 터져나오는 것이 이 지점인데 "왜 내 돈 들여 병원 만들었는데, 내 맘대로 돈을 벌 수 없게 하느냐"라는 것이다. 국민들의 시각과는 큰 괴리가 생기는 지점이다.

## 젠트리피케이션 퇴출 1순위
### _ 공공병원

공공의료에 대한 논란의 시발점이 됐던 진주의료원 폐업 사태를 복기해보자. 2013년 5월 홍준표 당시 경남지사는 '귀족노조' 때문에 야기된 수익성 악화를 문제 삼아 진주의료원을 폐쇄했다. 당시 홍 지사 측은 "강성노조가 환자도 없는 주제에 복리후생비만 챙겼고, 주변의 민간병원에 비해 의사·간호사의 급여가 너무 높아 만성적자를 피할 수 없었다"라고 주장했다. 특히 근속연수가 오래된 간호사들의 높은 급여를 문제 삼았는데 진주의료원 간호사들의 평균 근속연수는 우리나라 대다수 병원의 간호사 평균 근속연수보다 훨씬 긴 15년이었다. 홍 지사 측이 문제 삼았던 장기근속 간호사들이 타 병원 간호사들보다 더 받아가는 급여는 연 평균 1100만 원이었다. 병원에 경력 간호사가 얼마나 있는지에 따라 환자의 생명이 오가는 일이 많은 현실에서 연봉 1100만 원을 아까워한 것이 우리나라 정치인들의 수준이다.

　환자들이 진주의료원을 찾지 않은 가장 중요한 이유는 의료진의 수준이 낮거나 태만했기 때문이 아니었다. 진주의료원은 원래 진주의 중심가인 중안동에 위치하고 있었으나 김태호 경남지사 시절에 도시 현대화와 진주시 지역 균형 발전을 이유로 초전동이라는 대중교통 접근이 어려운 외진 곳으로 옮겨버렸다. 젠트리피케이션의 공공의료원 버전이라 할 수 있는데, 진주의료원뿐 아니고 대부분의 공공의료원은 이처럼 노른자위 땅을 내주고 접근성이 나쁜 곳으로 대거 이주한 것이 현실이다. 제주의료원, 충주의료원은 아예 산 위에 있다. 이런 곳을 자가용도 없는 취약 계층이 어떻게 갈 수 있을까?

　지금도 서울 시내에 공공병원을 설립하려 하면 관료들에게서 가장 먼저 나오는 말은 "그 비싼 땅에 웬 병원?"이라는 것이다. 그간 민간병원을 인수해 공공의료 시설로 전환하려는 움직임이 있을 때마다 "적자투성이 공공병원을 왜 더 지으려고 하냐"라는 비판이 끊이지 않았고 공공병원 설립은 500억 원 이상의 사업비가 들어가는 경우 필수적으로 거쳐야 하는 기획재정부의 예비타당성 조사를 통과한 일도 없다.

　당연한 이야기이지만 의료공공성은 재정을 확보하지 않고는 논의할 수조차 없는 사안이다. 2005년 참여정부는 "공공보건의료 확충 종합대책"을 수립하고 2009년까지 공공의료 기관을 선진국 수준인 30퍼센트까지 확충하겠다는 원대한 목표를 세웠다. 또한 4조 원의 재정 목표까지 설정했지만 그 후 이 정책은 실종됐다. 이 액수는 병원 운영을 제외한 땅 파고 건물 짓는 비용만 계산한 것인데 이조차 제대로 확보한 적이 없는 것이다. 김경일 참여연대 사회복지연대 사무국장은 정부가 공공의료원의 건물만 덩그러니 지어놓고 운영비 등은 지방정부에 떠넘기는 현실을 지적하면서, "중앙정부에서 공공의료를 사회 안전망으로 유지할 의지가 있는지 의심스러울 정도로 무책임해 보인다"라고 비판했다.[2]


### 팬데믹 와중의 임금 체불

지금 존재하고 있는 지방의료원은 모두 독립채산제로 운영된다. 알아서 돈벌이를 하도록 떠밀리고 있다는 의미이다. 그 결과 코로나19가 맹위를 떨치던 초기에 강진도립의원에서는 일반 환자가 급감하며 의료진 월급 체불 사태까지 일어났다. 그럼에도 불구하고 공공의료원의 적자는 그동안 정파를 가리지 않고 국정감사에서 국회의원들의 단골 공격대상이 됐다.

이들의 머릿속에 의사는 두 종류밖에 없기 때문이다. 환자를 많이 보고 수지타산을 맞추는 의사는 '돈만 아는 악덕 의사',

병원의 접근성이 나쁘거나 저소득층을 주로 진료하기 때문에 비급여 진료를 할 수 없어서 수지타산을 못 맞추는 공공의료원 의사는 '월급을 축내는 기생충'. 이처럼 의료가 비즈니스인지 공공재인지 기본 개념조차 없는 사람들이 법과 정책을 만들고 있다.

공공의료원은 왜 적자일까? 이 문제에 대한 해답이 있어야 해결의 실마리라도 있을 터인데 정책 입안자들에게는 답을 낼 능력도 의지도 없다. 의료 인력의 제대로 된 인건비에 대한 합의는 고사하고 이를 계상해본 일도, 생각해본 일도 없기 때문이다. 국민건강보험공단 비정규직 노동자들이 파업할 때 그 수장인 김용익 원장이 단식으로 응수해서 많은 사람을 경악시킨 것은 이들의 역량을 잘 보여준다. 제대로 된 재정 계획에 따르는 예산을 세우고 병원을 운영해야 한다는 원칙은 공공병원에서는 존재한 일이 없다.

황당한 일은 민간병원에서도 일어난다. 2020년 8월 4일 정부는 가천대 길병원에 대한 코로나19 병상 지원을 중단하고 감염병 전담병원 지정도 해제했다. 공공의료 강화를 위한 의사 증원 등의 정책을 발표하고 불과 며칠 후의 일이었다. 당시 코로나19 발생이 줄면서 감염병 병상 가동률이 10퍼센트 이하로 떨어진 것이 이유였는데, 그렇게 되자 병원 측은 더 이상의 손실을 감당할 수 없어 음압 시설과 칸막이 등을 모두 뜯고 일반 환자를 받을 준비를 할 수 밖에 없었다. 그러나 다시 코로나 환자가 늘어날 조짐을 보이자 1주일도 안 되어 정부는 다시 감염

병동을 유지해달라고 병원에 요청했다.

가천대 엄중식 교수는 "당시 인천시를 통해 병상을 줄일 상황이 아니니 조금 더 지켜봐야 한다는 의견을 전달했고 인천시도 (정부에) 병상을 더 유지해야 한다고 요청했다. 하지만 (정부가) 요청을 거부했다"라고 말했다. 그는 "정부에서 병상을 관리하는 팀이나 실무자가 자리에 앉아서 보고만 받지 말고 현장을 다녔으면 좋겠다"라고 비판했다. 그러나 병원 현장에 무지하고 재정에 대한 개념이 없는 정부 앞에서 실무자가 아무리 열심히 다닌들 이런 문제는 해결되지 않는다. 코로나19 상황에서 의사 증원에 반발해서 집단행동을 벌인 의사들에게는 이처럼 의사 증원을 하겠다면서 정작 공공병원이나 민간병원의 감염병에 대한 지원조차 인색한 정부의 행태가 일자리는 안 만들고 사기업에 가까운 병원들로부터 더 많은 착취를 용인하겠다는 시그널로 감지되었다.

지역의료나 공공의료를 확보하기 위한 재원은 어떻게 마련해야 할까? 이미 건강보험료를 올리겠다는 것이 세율을 올리겠다는 것보다 더한 '조세저항'으로 받아들여지는 현실에서, 표 걱정은 해야겠고 선심은 써야 하는 것이 위정자들의 고민일 것이다. 그렇다면 답은 의료보험과는 별도의 세수에서 의료를 지원하는 재정을 마련하는 방법밖에 없다. 그러나 2006년도부터 2016년까지 보건복지부의 예산 증가 현황을 살펴보면 사회복지 예산은 큰 폭으로 늘었지만 보건의료 예산은 제자리걸음이었다. 정치인들 입장에서야 큰 생색이 나는 사회복지 예산을 확충하는 것이 유리하지 지금도 시장 논리에 따라 방치된 가운데 최대의 착취와 가성비로 잘 돌아가고 있는 보건의료를 굳이 지원할 필요는 없기 때문이다.

그러나 정부는 '공공의료'라는 뇌관을 건드려 이 문제에 대한 논의를 피할 수 없게 만들었다. 문재인 대통령이 취임 직후 서울성모병원 로비에서 '문재인케어'를 천명한 후 이미 이 논의가 시작된 것이나 다름이 없다. 그러나 요란한 선언이 무색하게도 문재인 정부 들어 그나마 전체 보건복지 예산 증가 자체가 매우 빈약했다. 정의당 장혜영 의원은 2019년에서 2021년까지 3년간 기획재정부 예산심의 과정에서 사회간접자본(기본적으로 나라가 벌이는 공사판 재정) 예산이 약 13퍼센트 늘어나는 동안 보건·복지·고용 예산 증가율은 2퍼센트 대에 그친 것을 지적했다. 그 결과가 2015년의 메르스 사태 이후 오히려 공공의료 기관의 비중이 줄어든 현실로 나타난다. 공공의료를 확보하는 최대의 관건은 정부의 의지와 재정 확충인데, 정부가 공공의료에 대한 고민을 한 번이라도 제대로 해본 적이 있는지 의심하게 하는 이유이다.


거짓말이야, 거짓말이야


팬데믹 상황에서 정부는 공공의료 확충 및 지역의료 개선을 위해 의사 증원 정책을 발표했다. 그런데 이들이 일을 할 수 있는 직장인 공공의료 시스템을 지원하는 구체적인 계획은 모두 빠진 상황이었다. 이미 자영업자로 무한 경쟁에 내몰려야 하는 상황이 더 악화될 것을 감지한 젊은 의사들은 격렬하게 반발했다. 의료의 공영성이라는 것은 의과대학 몇 시간 교육으로 해결되는 문제가 아닌, 말 그대로 숨 쉬는 공기처럼 생활 속에 체화되어야 하는 것인데 대한민국의 의사들은 그런 시스템을 한 번도 본 적이 없었다. 정부는 원가에도 못 미치는 필수 의료수가를 옥죄면서도 의료 전달 체계에는 손을 놓음으로써 1차 의료기관은 고사시키고 대자본의 횡포에는 나 몰라라 하는 존재에 지나지 않았다.

한술 더 떠서 정치인들은 자신의 지역구에 의과대학을 설립하기 위해 코로나19 사태로 드러난 공공의료의 부족을 최대한으로 이용했다. 부실 의대의 대명사인 서남의대가 폐교한 후 남원 경제가 어려워졌다는 말이 나왔다. 의과대학은 아무리 부실하더라도 일단 설립이 되면 그 지역의 경제를 활성화시킬 수 있는 요인이 되기 때문이다.

2020년 코로나 상황에서 지역구 국회의원들은 공식 석상에서 "코로나 위기로 인한 의대 설립의 절호의 기회를 놓치지 말라"라는 말을 서슴지 않고 했다. 그러나 그렇게 설립된 공공의대의 운영 계획에 대해서는 아무런 언급도 하지 않았다. 민주당 김성주 의원이 발의한 '공공의대법'에서는 공공의대를 법인의 형태로 설립한다는 내용이 나온다. 일단 만들기만 하고 국가가 운영에 대해서는 손을 놓겠다는 의지가 여실히 보이는 대목이다. 재정 지원도 임의 조항으로 되어 있다.

순천향대학교 박윤형 교수는 이에 대해 "공공의대는 국가 기관에서 근무할 인력을 양성하는 만큼 사관학교나 경찰대학의 모형으로 설립·운영하는 것이 맞다. 공공의대는 그야말로 공공의대의 성격에 맞게 우선 법인이 아닌 국립으로 설치해야 하며 본인의 선택에 따라 사명감을 가지고 시작할 수 있도록 6년제 의과대학으로 설치해야 한다"라고 지적했다.

의료의 공영성을 강화하기 위해 의사를 늘려야 한다는 정치인들의 레토릭에 귀가 솔깃하다면, 제대로 된 실습 과정도 없이 부실하게 운영되어온 의과대학에서 교육 과정을 밟은 의사에게 진료를 볼 용의가 있는지, 아니 그것에 앞서서 지금도 진료를 볼 때 진료 의사의 출신 학교를 따지지 않을 수 있는지를 먼저 자문해보아야 할 것이다. 지금 정치인들의 전략은 부실 의대 양산 트랙에 지나지 않기 때문이다.

마키아벨리는 거짓말과 위선이 정치인의 덕목이라 했고 불행히도 그런 덕목은 착한 척하기 좋은 의료 정책에서 가장 도드라지는 것 같다. 너무 전문적이고 복잡한 사안이어서 선의를 가장한 아무 말 대잔치를 하더라도 진위 파악이 어렵고 표를 얻는 데는 그럭저럭 도움이 되기 때문이다. 하지만 현재의 우리나라 의료에 문제가 있다고 생각한다면, 그리고 의료가 중요하다고 생각한다면 국민들이 정치인들의 레토릭에 속지 않고 제대로 된 정책을 만들도록 압력을 넣는 일이 다른 어떤 분야 못지않게 중요하다.

# 회사인가, 병원인가

## 무릎 꿇은 병원장

최근 새로운 시즌이 방영된 〈낭만닥터 김사부〉라는 메디컬 드라마가 있다. 호화로운 대형 병원(이름도 의미심장하게 '거대병원'이다)에서 정치꾼 의사들에게 모함을 당하고 "그지 같은 시골 병원"인 돌담병원으로 좌천당한 희대의 명의 김사부와 그를 따르는 젊은 의사들을 둘러싸고 벌어지는, 절반은 무협지 같은 드라마이다. 그런데 의사의 입장에서는 작가가 현실을 날카롭게 꿰뚫어보고 있는 몇몇 장면이 새롭게 보였다. 특히 기억에 남는 장면은 몇년 전 방영된 시즌에서 나왔는데, 거대병원 소유주 (무슨 기업가도 아니고 악명 높은 사채업자가 실제 소유주로서 의사들 위에서 절대 권력을 휘두른다는 설정이다) 앞에서 병원장이 자신의 비리가 들통나자 무릎을 꿇는 장면이었다.

영리 병원과 의료 민영화에 대한 사회적 반대는 항상 거세지만 일반인의 입장에서는 혼란스러운 면이 많을 것 같다. 사실 나도 한동안 그랬는데, 도대체 대한민국에서 영리를 추구하지 않는 병원이 얼마나 되는지 항상 궁금했기 때문이다. 대학 병원들에서 대놓고 '진료 수입', '성장률' 등 기업이나 상인의 언어를 구사하며 교수들의 실적을 영업사원처럼 평가하는 현상이 이미 만연한데, 도대체 어떻게 영리 추구를 막아보겠다는 것인지 의심스러웠다.

엄밀한 의미에서 비영리 병원이란 병원 경영에서 창출된 이익을 개인적인 목적으로 사용하지 않는 것을 의미하지만, 대한민국 병원들 중 이것이 제대로 지켜지는 곳이 얼마나 되는지도 의아할 뿐이었다. 개인의 이익이 아닌 시설 확충 등의 목적으로만 사용되어야 한다는 병원의 수입이 실제로 어디에 어떻게 쓰이는지를 제대로 감사한 적이 있기나 할까?

사무장 병원 금지 조항도 영리 병원을 금지한다는 면에서는 비슷한 개념이다. 우리나라에서 병원의 개설과 운영은 원칙적으로 의사만 할 수 있게 되어 있고, 의료법 제33조 2항에서는 비의료인(사무장)이 의료인의 명의를 빌려 의료 기관을 개설 또는 운영하는 행위를 불법으로 규정하고 있다. 법의 취지는 비의료인에게 병원 운영을 허용하는 경우 의료인에 비해 영리 추구 경향이 심화될 것이라는 이유이고 이를 뒷받침하는 자료도 많이 있다.

건강보험공단이 2009~2017년 사이 적발한 사무장 병원

1273곳의 현황을 보면 비사무장 병원에 비해 병실당 병상 수가 훨씬 많고 저임금 의료 인력을 활용하는 등 이윤 추구 구조로 인해 인프라가 월등히 취약했다. 또한 같은 연령대의 비슷한 중증도 환자가 입원했을 때 사망자 수는 사무장 병원이 더 훨씬 더 높아 실제 진료에도 큰 해악을 가져오는 것으로 분석됐다. 진료비도 비싸고 주사제 처방 비율도 높으며, 장기 입원 일수도 1.8배나 많은 등 과잉 진료를 일삼을 뿐 아니라 보험 사기, 허위 환자 등 실제 범죄 행위도 빈발하는 것으로 보고되고 있다.[3] 영리 병원 설립을 허가하는 외국에서도 영리 병원들은 비용은 높고 진료의 질은 낮다는 보고가 끊임없이 발표되고 있다.

사무장 병원을 형사 처벌하는 우리나라에서 사무장 병원의 문제가 근절되지 않는 이유는 여러 가지가 있다. 일단 개원 비용이 너무 높아 처음 의료 시장에 진입하는 의사들에게 이 부담을 덜어주겠다는 유혹의 손길이 끊이지 않는 것이 첫 번째 원인이다. 공무원들 입장에서도 열심히 적발할 이유가 없는데, 일단 적발되면 거액을 환수할 수 있기 때문에 주기적으로 적발만 하면 제대로 일을 하고 있다는 선전도 될 뿐 아니라 금전적으로도 큰 손실이 없다. 다만 이런 병원에 취업한 의사들은 엄청난 손해를 보아야 하는데 사무장 병원이 적발되면 사무장과 의사에게 연대 책임을 묻기 때문이다.[4]

## 그 병원 주인이 누구야?

그러면 병원 경영자가 의사이면 아무 문제가 없는 것일까? 물론 사무장 병원보다 나을 수는 있겠지만 실제 경영 주체가 누구인지를 따져보면 일이 그렇게 단순하지는 않다. 유념할 것은 과연 이런 현상이 사무장 병원, 비사무장 병원의 이분법으로 가를 수 있는 문제인가 하는 것이다. 사무장 병원이 과도하게 이윤을 추구해서 이런 나쁜 결과를 가져왔다면, 비사무장 병원도 이윤을 추구하는 정도에 따라 역시 같은 문제를 야기할 수 있을 것이다.

개인이 운영하는 의원들에 비해 덩치가 큰 병원들은 실제 의사 결정자가 누구인지 알기가 어렵다. 많은 병원이 의료 법인의 형태로 운영되고 있고 법인 내의 누군가가 의사 결정의 실세인데, 그것이 정말 의사인지는 누구도 제대로 따져본 적이 없다. 만일 법인 내의 경영 의사 결정자가 의사가 아니라면, 그리고 그 의사 결정이 비민주적인 절차에 의해 이루어지는 것이라면 그 병원의 운영은 원칙적으로 사무장 병원과 같은 메커니즘으로 돌아간다고 보아야 한다.

우리나라에는 의료법인, 사단법인, 재단법인, 학교법인 등 수많은 법인 소유의 병원들이 있지만 그 운용에 대해서는 깜깜하다. 병원은 원칙적으로 공기업으로 볼 수 있는 성격이 있는데, 업무가 공적인 영역이고 그 재정의 절대적인 부분이 공적 자원인 국민건강보험으로 유지가 되기 때문이다. 하지만 정부는 병원의 설립과 운영을 모두 자본가에게 맡겨두었기 때문에 병원에 대해 이렇다 할 통제권이 없다. 의료가 공적 자본에 의해 운영된다는 개념 자체가 없었기 때문에 나타난 현실이다.

대통령이 되기에는 너무 순진했던 어떤 분은 "의료가 산업"이라는 개념을 가지고 있기도 했었다. 그런 가운데 병원들의 영리 추구는 직원들에 대한 착취로 이어지기도 한다. 낮은 필수 의료수가는 이럴 때 경영자에게 전가의 보도로 이용된다. "이 정도 일을 하지 않으면, 이 정도 숫자의 환자를 안 보면 병원이 망한다." 의사들은 이런 말을 귀에 인이 박이도록 듣고 산다. 학교 다닐 때는 나름 수학 영재들이었을 터인데 병원 경영의 수입 지출 관련 숫자는 따져본 적도 없고 따질 수도 없었다. 그 결과는 종종 살인적이다.

많은 사람이 선망하는 국내 최대 병원인 서울아산병원에서 간호사가 과도한 업무로 스스로 목숨을 끊는 일이 생겼다. 커다란 사회적인 물의를 빚었던 박선욱 간호사의 자살 사건 이후에도 간호사들의 자살은 계속 이어졌다. 박선욱 간호사 이후 1년간 또 다른 한 명의 간호사가 한강에 투신하고 두 명은 약물을 주사해서 스스로 목숨을 끊었다. 언론에 보도된 것만 그러했다. 2019년 4월 고양시의 대형쇼핑몰 화장실에서는 입사한 지 1년이 채 되지 않은 서울의 한 대형 병원 심상중환자실의 신규 간호사가 팔에 독극물 주사가 꽂힌 채로 발견되었다.[5] 사람을 살려야 하는 병원에서 일하는 사람들이 죽어 나가는데도 달라지는 것이 없다. 간호사들의 죽음이 과도한 업무 부하에 의한 시스템의 문제였음에도 불구하고 우울증 같은 개인적인 문제나 간호사들의 '태움' 문화에 기인한다는, 을끼리의 갈등으로 몰아가는 본질을 벗어난 논의만이 반복되고 있다.

2018년을 몇 시간 남긴 12월 31일 오후 5시 44분, 서울 강북 삼성병원 정신건강의학과 외래 진료실에서 임세원 교수가 자신이 치료했던 환자 박 모 씨의 칼에 맞아 사망하는 사건이 발생했다. 박 씨는 조울증을 앓고 있었고 입원 치료를 받고 퇴원한 뒤 수개월 만에 예약도 없이 병원을 찾았다. 그는 상담을 시작하려는 도중 갑자기 진료실 문을 잠그고 흉기를 들고 임 교수를 위협하는 행동을 했다. 임 교수가 진료실 밖으로 피신했지만 엘리베이터 앞에서 넘어지면서 뒤쫓아 오던 박 씨에게 흉기로 수차례 찔려 내부 장기 파열로 사망했다. 사건이 일어나자 언론은 임 교수의 평소 행적을 칭송하는 한편 범인 박 씨의 정신 병력을 부각시켜 이 사건이 정신 이상자에 의해 일어난 안타까운 사고인 것처럼 표층적인 보도를 했고 대한의사협회는 의사 폭행에 대한 가중 처벌법 제정이 미진함을 들어 정부를 비난했다. 어느 쪽도 추후 이런 사건의 재발을 막을 수 없는 접근이었다.

가장 위험했던 폐쇄된 진료실을 벗어나 간호사들에게 대피하라고 외치며 피신할 수 있었던 의사가, 결국 병원 안에서 환자의 손에 죽은 것이 이 사건의 요체이다. 여기에서 의료진의 안전을 보장해야 했던 병원의 의무에 대해서는 누구도 언급하지 않았다. 당시 사건이 일어난 층에는 단 한 명의 보안 요원도 없었고 그나마 1층에 있던 요원은 간호사들이 구급벨을 울린 후 도착했는데 이미 임 교수가 사망한 다음이었다. 하루의 일과를 정리하고 돌아갈 시간, 그것도 섣달그믐에 예약도 없이 치료도 제대로 받지 않다가 갑자기 정신 질환 환자가 나타났다. 이 환자를 의료진이 아무런 대책 없이 보도록 내몰았던 병원의 책임은 누구도 묻지 않았다. 산업 현장이라면 중대 재해에 해당될 것이다.

병원의 영리성을 판단하는 데에는 여러 가지 방법이 있는데 몇해 전 국정 감사에서 조사된 순 이익률이 한 가지 좋은 지표가 된다. 필수 의료수가가 정해져 있어 진료 수입이 고만고만한 상황에서 이익을 많이 남겼다는 것은, 꼭 필요한 지출을 그만큼 억제했다는 뜻이 되기 때문이다. 병원이 적절한 인력 수급을 하고 있는지에 대해서는 적정성 평가에서 확인을 하고 있지만 간호사들이 과중한 부담 때문에 자살을 하고 의사가 진료 중 사망하는 일이 벌어지는 상황을 해결하는 데에는 아무런 효과가 없다. 의사, 간호사가 1인당 담당하는 적정 환자 수에 대한 선진국 수준의 기준을 마련하고 이것이 지켜지는지 철저하고 엄격하게 관리하면서 예산을 세운 후에야, 비로소 병원의 과도한 영리성 추구에 대한 기준을 마련하고 적절한 수가와 인건비에 관한 논의가 가능해질 것이다.

네 자리에 올 사람 많아!

최근 한 신문 기사에 한국 직장인들의 직장 갑질 감수성은 'D 학점 수준'으로 나타났다고 보도되었다. 갑질을 당하고도 갑질이라 느끼지 못하고 잘 참는다는 뜻이라 한다.[6] 임금 미지급이나 폭언, 모욕에 대해서는 비교적 민감하게 반응을 하는 반면, "맡겨진 일은 시간 외 근무를 해서라도 끝내야 한다", "부당한 지시도 어느 정도 해야 한다", "일 못하는 직원에 대한 권고사직은 당연하다" 등의 항목은 갑질에 해당한다고 생각하지 않는 사람이 많았다.

대한민국 의사들도 바로 여기 해당하는데 "오는 환자는 정해진 진료 시간은 물론 점심시간을 넘기고라도 다 봐야 한다", "병원 수입 증가를 위해서는 과잉 진료도 어느 정도 해야 한다", "진료 수입이 충분하지 못한 의사에 대한 권고사직은 당연하다"라는 말로 대입해보면 명백하게 드러난다.

대학 병원 교수들 중에는 자신의 임금 삭감에 대해서 무감각한 사람들도 많다. 의사들, 특히 대학 교수가 되기 위해서는 경제적인 여건이 어느 정도 되어야 긴 수련 기간과 교육 기간을 버텨낼 수 있다. 여기서 경제적 여건이란 자신의 능력으로 득한 수입이 아닌 앞 세대로부터 물려받은 부를 의미한다. 월급에 대한 무감각은 이런 상황에서 비롯된 것이라 보는데, 우리나라의 고질병인 자식들에게 경제를 가르치지 않는 현상, "돈 걱정은 말고 공부만 열심히 하라"라는 부모들의 잘못된 가르침도 영향이 있다. 의과대학에 가고 교수까지 되는데 그 부모들이 어려웠을까?

　이런 상황을 비집고 병원의 갑질이 횡행한다. 대표적인 수법이 급여는 그대로인 채 환자 접수 시간을 30분에서 한 시간씩 늘림으로 진료 시간을 연장하는 것이다. 4시 반에 접수 마감하고 5시에 끝나던 진료가 5시까지 접수를 받고 6시가 다 되어야 끝난다. 급여가 같은데 이런 식의 연장 근로가 일어난다면 이것은 엄연한 급여 삭감이다. 심지어는 환자가 너무 많아 연구와 교육 역량에 문제가 된다고 교수가 호소하면, 경영진은 인원을 충원하는 것이 아니라 "진료를 더 보라"라는 말을 아무렇지 않게 한다. 군말 없이 이런 조건을 받아들이는 사람들이 있기 때문에 가능한 일이다.

　그런데 과연 이것이 옳은 일일까? 자신이야 부모로부터 물려받은 것이 많아 자신의 급여가 아니더라도 생활이 가능하겠지만 다른 사람들에게까지 영향이 미칠 이런 일을 그냥 받아들여야 하는 것일까? 게다가 진료 시간의 무조건적인 연장은 당연히 진료의 질 하락을 가져온다. "사람이 아무리 뛰어나도 한 번에 화살 한 개만 쏠 수 있다"라는 유목민 격언을 꼭 끌어오지 않아도, 최상의 컨디션으로 소화할 수 있는 환자의 수가 제한이 있다는 것은 자명한 일이다. 그렇지 않아도 제 시간에 끝나기 어려운 것이 대한민국 외래 진료인데, 상급 병원에서는 누가누가 더 늦게까지 진료를 보나 경쟁이라도 하는 듯 오후 6시까지도 진료실 앞에 환자들이 늘어서 있는 경우가 흔하다.

어느 나라를 가든 의과대학생들의 사회적 둔감성, 맹목성, 외골수적 성격을 비꼬는 여러 가지 사례가 있지만, 우리나라가 더 유난한 것이 아닌지 의심이 된다. 전체주의 사회는 공포감 주입과 모욕이라는 두 가지 술수를 통해 그 성원들을 효과적으로 지배하는데, 병원 사회를 전체주의 사회 같다고 비유하면 무리가 있겠지만 맞아 떨어지는 부분도 있다. 필수 의료 부문에서는 제대로 된 의료수가를 책정한 적이 없으면서 수가 이야기만 하면 "우리나라 의사들은 잘 먹고 잘산다"라는 논점에 벗어나는 이야기로 딴전을 피우는 정부가 있는 한, "이 수가로는 병원 경영이 안 되니 환자를 더 봐야 한다"라며 공포감을 주입하는 경영진의 말을 안 들을 재간이 없다. 물론 가끔씩 모욕도 당한다. "그만두고 싶으면 그만 둬. 네 자리에 올 사람 많아."

대형 병원에 경증 환자까지 싹쓸이당하고 개원하기가 점점 더 어려워지고 있는 현실에서 병원들은 큰소리를 칠 수 있고 의사들은 힘없이 복종하게 된다. 정부는 질세라 OECD 대비 의사 수가 적으니 의대 정원을 더 늘리겠다는 말을 정기적으로 하면서 공포감을 부채질한다.

"지금도 환자를 이렇게 많이 보아야 유지가 되는데 의사 수마저 더 많아지면 얼마나 더 과잉 진료를 해야 하고 또 수입은 얼마나 깎이게 될까?"

의사들이 의대 정원을 늘리는 것을 반대하는 기저 심리에는 현재의 과도한 환자 부하와 이것을 적정 수준으로 조정했을 때 수입이 감내하지 못할 정도로 깎일 가능성에 대한 공포와 불신이 있다.

그런 점에서 의사들이 자율성을 가지고 진료하는 것을 방해하는 데 있어서 병원과 정부는 공범이다. 대형 병원 쏠림을 막지도 못하고 어떤 면에서는 이를 조장하는 정책을 펴면서, 이들 병원의 행태에 대해서는 모르쇠로 일관해온 것이 정부이기 때문이다. 하지만 정작 문제가 터지면 책임이 가장 큰 쪽이 비난을 가장 덜 받게 되는 모순이 작동한다. 정책이 잘못되어서 나타나는 많은 문제를 의사 개인의 탓으로 비난하는 경우가 많기 때문이다. 물론 의사들 개개인의 책임이 없다고 할 수는 없다. 다른 직종들에 비해 전문직에 속하고 그만큼 상대적으로 자율성을 펼 수 있기 때문이다. 자신이 학생들에게 가르치는 대로 진료를 할 수 있는 환경을 만들기 위해 바른말 정도는 해야 하지 않을까? 교수에게 정년을 보장해주는 것은 어디 가서 으스대며 '내가 교수'라고 명함 자랑하라는 의미가 아니고, 그런 사회적 소명을 다하라는 이유일 터이니 말이다.

## 대한민국의 필수 의료 의사들은
## 조용한 사직 중?

최근 '조용한 사직' 현상이 사회적인 관심을 모은 바 있다. 미국 뉴욕에 사는 엔지니어 자이드 펠린Zaidle ppelin이 틱톡에 올린 영상 "일이 곧 삶은 아니고 당신의 가치는 당신의 성과로 결정되는 게 아니다"에서 비롯된 폭발적인 반응은 우리나라 젊은 세대의 초과 근무 거부, 워라벨 강조 현상과 맞물리면서 경제 주체들에게 위기 의식을 불러 일으켰다. 하지만 조용한 사직 이전에 '조용한 해고'가 있었다는 주장도 힘을 받고 있다. 업무 자동화 툴 개발 기업 자비어Zapier에서 일하는 보니 딜버Bonnie Dilber는 링크드인 플랫폼에서 이렇게 말한다.

아무리 일을 해도 급여를 올려주지 않고 어떤 성취감이나 보람도 주지 못했던 직장은 나를 조용히 해고한 것입니다. 조용한 사직에 앞서 조용한 해고를 시행한 무능한 상사에 대해서 이야기해야지요.

여기에 대해 초과 근무 수당을 제대로 지급하자는 등 표면적인 대응책이 논의되고 있지만 문제의 근원은 훨씬 더 심대하다. 이진우 포스텍교수는 『경향신문』 칼럼 "자본주의가 조용히 마비되고 있다"에서 이렇게 말한다.[7]

사람들이 애써 일을 하지 않는다면, 자본주의 체제가 유지될 수 있을까? 노동과 그것이 창출하는 자본은 자본주의의 토대이다. 그런데 사람들은 필요한 만큼만 일하거나 전혀 일하지 않으려 한다. 많은 사람이 자본주의 시스템에서 스스로 철수하고 있다… '조용한 퇴직'이 함축하고 있는 문제는 훨씬 더 깊고 심각하다. 그것은 경제적 조건이 바뀌었다는 것을 말해줄 뿐만 아니라 자본주의의 체제가 조용히 마비되고 있다는 증거이다.

개인적인 생각이지만, 그리고 맥락이 조금 다를 수 있지만 우리나라 의사들은 이미 오래전부터 조용한 사직을 시행하고 있었다. 필수 의료 분야에서이다. 이유는 조용한 해고와 동일하다. 우리나라에서 의료정책은 필수 의료를 선택한 의사들이 금전적 보상을 받는 것은 고사하고 정성껏 환자를 진료하면 더 손해를 보도록 만드는 구조를 방치해왔다. 병원들은 돈도 못 버는데 마지못해 데리고 있어야 하는 천덕꾸러기 취급을 해왔고 인력이 부족할수록 부족한 인력에 대한 덤터기까지 씌워왔다. 배운대로, 신념대로 옳은 일을 행하면 처벌받는 미션 임파서블의 괴리 앞에서 의사들은 정신줄을 잡고 있기 힘들었다. 불신이 팽배해진 의료 현장에서 중환자들을 돌봐야 하는 필수 의료 의사들은 초과 근무를 일상적으로 하면서도 멱살을 잡히는 일이 다반사였다. 그뿐 아니다. 바람직한 환자-의사 관계가 무너진 우리나라 의료 현장에서는 의료 분쟁이 생겼을 때 의사가 검사에게 업무상 과실치사상죄로 기소된 건수나 형사처벌을 받는 건수가 다른 나라들에 비해 압도적으로 높다.[8] 의사 1인당 연간 기소 건수가 일본의 265배이며 영국의 895배인데 우리나라 의사가 이들 국가 의사들보다 수백 배 역량이 떨어지는 것은 아닐 터인데도 그렇다. 그 종합적인 결과가 비필수 진료로의 전향이다. 여기에는 금전적인 문제만 있는 것이 아니다.

## 자본주의보다 먼저 마비되는 것

얼마 전에 있었던 서울아산병원 간호사 사망 사건은 우리에게 필수 의료의 문제를 다시 생각해보게 한다.[9]

문제의 핵심은 우리나라에서 가장 큰 의료기관인 서울아산병원에 뇌동맥류 파열 환자를 치료할 수 있는 뇌혈관 외과 의사가 두 명밖에 없어서 응급 상황에 제대로 대처를 하지 못했다는 것이었다. 이에 대해 정부는 OECD 대비 부족한 의사 수를 거론하며 '기승전-의사증원'으로, 의료계는 필수 의료수가 문제를 거론하며 '기승전-수가'로 대응했다. 의료가 시장 논리에 맡겨진 채 오랫동안 방치되어온 우리나라에서는 무위한 해법이고 이런 식으로 대응하면 앞으로 이보다 더한 일도 얼마든지 생길 수 있다. 불행하지만 정책 입안자들에게는 의료를 개선하기 위한 의지가 별로 없다는 비관적인 현실을 인정한 채 해법을 찾을 수밖에 없다.

야간 근무와 주일 휴무를 모두 무시하더라도, 대한민국 법정 주당 근무 시간 52시간을 24시간 돌아가는 병원 시스템에 대입하면 서울아산병원에는 최소한 3.2명의 전문의가 있어야 이런 상황을 피할 수 있다. 실질적으로 낮 시간 업무량과 연간 휴가, 학회 참석 등을 감안하면 필요한 숫자는 여섯 명 정도로 늘어나는데 아무리 대형 병원이라도 이것은 현실적으로 유지할 수 있는 인원이 아니다. 사실 서울아산병원에 뇌혈관 외과 의사가 두 명이라는 것은 그 병원의 오랜 노하우에서 비롯된 최대의 경영 효율을 담보하는 의사 수라고 보면 틀림이 없을 것이다. 서울의 대형 병원에 이렇게 24시간 가동 가능한 시스템을 갖추더라도 전국의 환자들이 응급 수술을 위해 서울로 와야 하는 문제는 해결되지 않는다. 1년 365일을 커버하는 인력을 유지했을 때 필연적으로 생기는 수요 부족(응급 수술은 예측이 불가능하다)을 인정하고 여기에서 생기는 비용 손실을 국가가 보완해줄 수 있는지도 질문해야 한다. 물론 정부는 안 할 것이다.

같은 정도의 경력을 가진 의사가 몇 군데의 병원에서 유연하게 진료를 할 수 있다면 완벽하지는 않더라도 지금의 상황을 개선시킬 수는 있다. 물론 관련 법안의 수정이 필요하고 비용은 좀 더 들겠지만, 모든 병원에서 1년 365일 응급 수술 체계를 갖추어야 한다는 해법보다는 훨씬 효율적일 것이다. 그것이 어려운 이유는 의료가 병원 중심으로 돌아가고 있어서 의사들의 순환 근무가 불가능하기 때문이다.

현재 우리나라의 필수 의료 문제는 장기간 필수 의료수가를 과도하게 억제해온 환경 위에 사기업에 가까운 병원 위주의 진료가 고착되면서 생긴 조용한 사직의 문제이다. 타 직종과는 달리 의사들에게는 필수 의료를 버리고 다른 일로 생계를 유지할 수 있는 길이 그럭저럭 많이 있다. 설령 그것이 타락했다는 비난으로 이어질지언정, 금전적인 보상은 고사하고 모욕과 위험까지 무릅쓰면서 이렇게 일할 수는 없다는 의사들의 생각이 반영된 결과가 현재의 위기이다. 국가가 어떤 대안도 마련하지 않고 자본주의 의료를 방관하는 상황에서 먼저 마비되는 것은, 불행히도 자본주의 체제가 아니라 필수 의료이다.

# 어떻게 바꿀 수 있을까?

+

정치란

사방에서 문제를 찾고 오진을 한 후

잘못된 처방을 내리는 기술이다.

 

 

—  어네스트 벤

## 의료는
## 인간이 인간을 대하는 일

인간이 소외된
대한민국 의료

문제점만 늘어놓다 보니 마치 우리나라의 의료가 큰 결함만을 가지고 있는 것처럼 기술이 되었다. 그러나 세계 어떤 선진국 가운데서도 자국의 의료 시스템에 문제가 없다고 하는 나라는 없다. 오히려 우리나라의 의료는 환자 입장에서는 편리한 점이 더 많다. 전문의 진료를 보는 데 대기 시간이 길지 않다는 사실로 표현되는 의료 접근성은 세계 최고 수준일 것이다. 비용도 매우 저렴하다. 그러나 많은 제도나 정책들처럼 의료도 시대의 흐름에 따라 변해야 한다. 지금까지 좋았던 것이 앞으로도 계속 좋으리라는 보장은 없기 때문이다.

우리나라의 의료는 가난했던 시절 저비용으로 많은 국민

에게 의료의 문턱을 낮춰야 한다는 정책적 필요성에서 출발했고, 그러다 보니 필수 의료수가들을 원가에 못 미치게 책정을 해야 했다. 특히 재료비나 기계 가격 등 어느 정도 비용 산정이 되는 검사비에 비해 사람이 하는 일들은 형편없이 낮은 수가로 운영이 되었고, 그런 기조는 수십 년 동안 지속 내지 심화되었다. 우리나라의 경제 성장, 생활수준 향상과 함께 환자들이 병원에 기대하는 것은 해가 갈수록 많아졌지만 의료인의 시간을 보상하지 않는 현재의 제도하에서는 그 기대를 맞출 수가 없었고 환자들의 불만은 점점 쌓여갔다. 그런 불만을 비집고 첨단 기계와 시설들이 의료의 본질을 기술에 경도되는 방향으로 몰고 가고 있다.

국가가 제대로 의료를 관리하지 못하는 상황에서 자본은 아주 쉽게 의료를 잠식한다. 현대 사회가 기술 폭식에 가까운 기술 만능 사회가 되어가고, 그 현상의 최첨단에 자본에 포섭된 의료가 있다. 쉬운 해결책이 있을 리 없다. 정치인이라면 표가 깎일 수도 있는 어려운 결정을 해가며 문제를 풀어야 한다. 문제 해결의 중심에는 '의료는 인간이 인간을 대하는 일'이라는 철학, 그리고 이를 뒷받침하는 방법론이 있어야 한다. 인간 소외를 가속화하는 방향으로 진행하고 있는 우리나라 의료 현실에 대해 우리가 대처할 방안, 그리고 대안을 고민해본다.

2023년의 대한민국에서 더 나은 사회를 만들기 위한 정책의
중요성, 그리고 이에 대한 시민들의 이해가 필요함을 부인하는
사람은 아무도 없을 것이다. 의료 현실의 문제점을 지적하기
위한 책을 출판하기 위해 고군분투했던 지난 몇년간 내가 느
낀 점은, 의료 정책은 너무 전문적인 분야라서 딱히 알 필요를
못 느끼는 이슈로 제쳐두는 것이 아닌가 하는 인상이었다. 나
의 사견으로는 사회의 다양한 다른 분야에 비해, 그래도 의료
는 그런대로 기능을 잘하고 있고 상대적으로 불만이 적기 때문
에 그런 것 같다. 그러나 의료는 사회의 여타 분야와 분리된 외
딴섬이 아니고, 의료가 왜곡되면 그 영향은 전체 사회로 퍼져
나간다. 예를 들어 의료비의 낭비가 심화되면 교육, 주거, 노동
등 사회의 제반 인프라를 잠식하게 된다.

　미국의 데이터들은 의료 정책에 일반 시민의 관심이 중요
한 이유를 극명하게 보여준다. 사회적인 공조와 연대보다는 각
자 도생의 원칙이 강하게 적용되는 미국에서는, 빈곤율과 함
께 조기 사망률도 민주당보다는 공화당을 지지하는 주에서 훨
씬 더 높다.[1] 공화당 주지사들은 의료 부조 시스템인 메디케이
드를 재정적으로 강화하는 것을 거부하는 경우가 많고, 안전
에 관련한 각종 규제를 완화하는 경우 역시 많다. 2001년에서
2019년 사이 민주당을 지지하는 주와 공화당을 지지하는 주

사이의 전반적인 사망률 감소 차이는 두 배가 넘었다. 인구당 사망자 수의 차이는 공화당을 지지하는 주에서 다섯 배가 높았다. 코로나19에 의한 추가 사망률은 공화당을 지지하는 주들에서 민주당을 지지하는 주보다 열 배 이상 높기도 했다.[2]

우리나라는 미국과는 완전히 다른 듯하면서도 비슷한 문제를 가진다. 우리나라 의료 정책의 시계는 적은 재정으로 의료보험을 도입했던 50년 전에 멈춰져 있고 주로 필수 의료를 통제하며 공적 보험의 기반을 유지한다. 그러나 그 이면에는 인력 착취에 기초해 최대의 가성비로 운영되는 자본주의 원칙이 고스란히 적용되고 있다. 정치인들에게는 이 상황을 고칠 의지가 거의 없다. 그러다 보니 공적 재원의 부족은 소위 '본인 부담금'으로 표현되는 각자 도생 영역의 의료비 지출로 메꾸고 있다.

한쪽에서는 의료를 기술에 기반한 거대한 먹거리 창출 산업으로 보고 중단 없는 성장을 위한 과잉 진료와 영리 병원 설립에 열을 올리는 사람들이 있다. 다른 한쪽에는 한국 사회의 변화를 더 이상 담아내지 못하는 운동권의 흑백 논리와 안티테제들을 연상하게 하는 담론만을 펴는 사람들이 있다. 이들은 문제의 핵심인 거대 자본이나 자본주의의 작동 기전은 건드리지도 못하면서, 정합성이 맞지 않는 정책에 근거해 행동하는 개인을 비난하고 환자와 의사들 사이를 편 가르기 한다. 결과는 불신, 의료의 자본 복속 심화와 인간 소외뿐이다. 대한민국의 정치인들이 의료 정책을 얼마나 쉽게 함부로 다루고 있는지는 대선 공약에 갑자기 등장한 대머리 치료제 보험 급여 제안이나 새 정부의 보건복지부 장관 후보로 천거된 사람들의 면면을 보면 잘 알 수 있다.


### 숫자는 거짓말을
### 하지 않는다

세상만사가 너무 복잡해서 이해하기가 어려울 때 비교적 합리적으로 접근하는 방법 중 하나가 돈의 흐름을 따지는 것이고, 우리나라 의료 문제를 이해하려면 당연히 의료 재정을 살펴야 한다. 2019년 7월에 발표된 우리나라의 의료비 재정은 144조 원, 국민 총생산의 8퍼센트에 해당한다. 비교가 될 만한 다른 국가들을 보면 프랑스 2630억 유로(한화 349조 원), 독일 3802억 유로(한화 504조 원), 영국 2069억 파운드(한화 304조 원), 일본 60조 엔(한화 655조 원)이다. 인구 규모에 비하면 어느 나라든 우리나라보다 월등히 많은 재정을 지출하고 있는 것을 알 수 있다. 미국은 너무 예외적이어서 비교를 하는 것도 뭣하지만 수치를 보면 3조 4716만 달러(한화 4092조 원)를 지출한다.

　이렇게 놓고 보면 어느 선진국보다 우리나라가 월등히 돈 관리를 잘하고 있는 것을 알 수 있다. 우리보다 훨씬 돈을 많이 쓰지만 접근도가 떨어진다는 이유로 불만의 대상이 되는 영국과 같은 나라도 있는데, 이들 나라에서는 전문의에게 진료를 보려면 너무나 오래 기다려야 해서 사회 문제가 되기도 한다.

전체 예산도 중요하지만 그 돈을 어떻게 쓰고 있는지가 더 중요하다. 이 내역을 들여다보면 그 나라의 의료 행태를 파악할 수 있다. 2012년에서 2021년까지 우리나라 건강보험 심사평가원 심사 건수 통계를 보면 전체 의료 재정 중 진찰료 비중은 지속적으로 감소하고 있다. 진찰료 비중이 2012년 23.8퍼센트에서 2021년 17.1퍼센트로 10년간 6.7퍼센트 포인트 감소했고, 검사비는 같은 기간 12.3퍼센트에서 16.3퍼센트로 4퍼센트 포인트 증가했다. 이런 추세는 계속 이어져서 조만간 전체 재정 중 진료비보다 검사비 비중이 더 높아질 전망이다. 환자들이 피부로 느끼는 현상, 진료는 부실해지고 검사만 많아진다는 의심을 방증하는 데이터이다.[3] 약제비 비율도 높다. 우리나라의 약제비 지출은 약 28조 원으로 전체 재정의 20퍼센트 정도가 약값으로 지출되고 있다. 캐나다 13퍼센트, 독일 9.8퍼센트, 일본 11퍼센트와 비교했을 때 어떤 경우에서든 비정상적인 수치이다.

전체 의료비 중 검사비, 약제비 비중이 높은 원인은 무엇일까? 의료비 중 인건비에 쓰여야 할 비용이 억제되어 있기 때문에 상대적으로 약제비와 검사비 비중이 높아진다는 것이 정확한 분석일 것이다. 지금까지 의료 인력의 인건비는 제대로 산출된 적이 없다. 비단 의사들의 진찰, 수술 수가만 낮은 것이 아니고 간호사들이 입원 환자에게 제공하는 간호 업무는 아예 제대로 된 수가조차 없다. 상황이 이래서야 병원들이 그나마 이

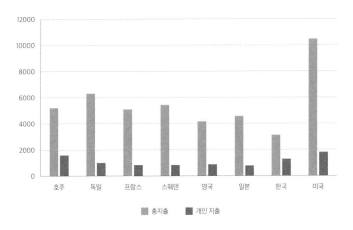

〈그림 6.1〉OECD 국가들의 1인당 의료비 지출
(단위: 미국 달러, 출처: OECD stat, 코로나 사태 이전의 2018년 기준. 미국의 경우 사보험이 주류를 이루는 시스템이어서 산출 방식이 다른 국가들과 다름)

윤이 더 남는 행위에 치중하는 현상을 탓할 수도 없다.

우리나라의 의료비 지출을 다른 OECD 국가들과 비교해 보면 또 한 가지 흥미로운 점이 눈에 띈다(〈그림 6.1〉. 회색 막대는 총 지출, 보라색 막대는 개인 지출('out of pocket'이라 하는데 우리나라에서는 본인 부담금에 해당한다)). 우선 우리나라의 1인당 의료비 지출은 다른 OECD 국가에 비해서는 아직도 현저히 낮음을 알 수 있다. 눈여겨볼 점은 대부분의 국가에서 의료비 지출은 공적인 영역에서 해결이 되는데 우리나라는 전체 의료비에서 개인 지출이 커서 거의 절반에 육박한다는 점이다.

우리나라가 효율적인 의료 시스템을 갖췄음에도 많은 사람이 불만을 가지는 부분이 바로 이 지점이다. 의료비를 합의된 공적인 비용으로 처리하지 않고 각자 도생의 개인 비용으로 처리하도록 방치해두었기 때문이다. 날이 갈수록 문제가 되는 실손 보험도 사실은 이런 높은 개인 부담률의 문제에서 시작되었다.

합리적인 의료비 지출을 유도하도록 주도적인 역할을 해야 하는 공적 의료보험이 현실에서는 별 힘을 쓰지 못하는 일이 많은데, 옥석이 완전히 뒤섞여서 운용되다 보니 총체적인 불신의 근원이 되어 버린 비급여 시장은 의료 정책의 난맥상을 잘 보여주는 실례이다. 이처럼 각자 도생으로 의료가 운용되는 경우 비용 증가는 피할 수 없다. 미국의 예가 바로 그러하다. 의료 비용의 공적 부담을 늘리는 것은 보험요율 인상이 유일한 방법인데 지금처럼 불신이 팽배한 의료 환경에서는 요원한 길이다. 그러나 바람직한 의료 재원의 분배를 위한 공적 담론과 재정 마련은 상황을 개선하는 데 필수적이고 그것은 오롯이 국가의 책임이다.


3분 진료 못 없애나, 안 없애나?
_ 적선과 동냥


이린 관점에서 우리나라 의료의 최대 불만 사안인 '3분 진료'의 문제를 살펴보자. 소위 빅 파이브(Big 5)라 불리는 문턱 높은 병원은 물론이고, 동네 병원에 가도 의사와 이야기하는 시간이 3분을 넘어가기 어렵다. 선진국에 비해 의사 한 사람이 과도

한 숫자의 환자를 진료해야 하고 부족한 보상분은 검사로 메워서 수지타산을 맞춰야 하는 것이 현실이기 때문이다. 물론 소위 '환자 욕심' 때문에 너무 많은 환자를 자발적으로 처리(진료가 아닌 말 그대로 처리)하는 의사들도 있다. 이런 사람들은 병원에서 주요 보직을 맡거나 보수 인상이나 인력 충원, 진료실 크기 확장 등 각종 혜택을 받는다. 거꾸로 환자 수가 일정 기준 미달인 의사에게는 병원에서 압력이 들어온다.

"왜 이렇게 환자를 많이 보아야 하느냐"라고 항의하면 당장 병원으로부터 "진찰료 수가가 낮아서 환자 적게 보면 병원 망한다"라는 답이 돌아온다. 그러나 과별로 진료의 복잡도가 다 같을 수는 없고 가뜩이나 짧은 진료 시간이 문제가 되는 현실에서, 진료 시간은 같은데 환자를 더 많이 본다고 급여를 더 주는 것은 명백히 동일 노동, 동일 임금 원칙 위배이다.

내가 주로 진료하는 류마티스 관절염 환자의 경우 전신 면역 질환이다 보니 전신의 관절을 일목요연하게 체계적으로 확인해야 한다. 환자를 적게 보는 유럽이나 미국에서도 관절 평가를 외래 진료에서 하기 어렵다는 불평들이 있지만, 어쨌든 이상적으로 환자를 진료하려면 체계적인 관절 평가가 필요하다. 류마티스 관절염 환자에게 관절도 만져보지 않고 약을 처방하는 것은 고혈압 환자에게 혈압도 측정 안 해보고 약을 처방하는 것이나 다를 바 없다. 물론 혈압 측정에 비해 관절 진찰은 훨씬 시간이 많이 든다. 류마티스 관절염에 걸린 환자의 중증도를 평가하는 기준 관절 수는 68개이고 그중 최소한 28개의 관절 평가가 필요하기 때문이다. 나는 2010년도에 무언가에 홀린 듯 외래 진료실에서 관절 평가를 시작했다.

원래도 진료 시간이 긴 편이었는데 관절 진찰까지 추가하자 진료가 더 밀리기 시작했다. 하지만 제대로 된 활성도 평가를 시작한 후에는 도저히 그 이전의 진료 방식("오셨어요? 어떻게 지내셨어요? 많이 안 아프셨어요? 클릭, 클릭")으로는 돌아갈수 없었다. 제대로 된 관절 평가를 하기 전에 비해 환자들에 대한 처방이 훨씬 더 정확해졌다. 이전에는 염증 수치와 같은 피검사 소견만 보고 약을 처방하기 일쑤였는데 관절염의 심한 정도는 염증 수치만으로는 평가할 수 없기 때문에 적절하지 못한 처방을 내리는 경우가 많았다.

그렇게 나와 환자들 말고는 아무도 반겨주지 않았던 내 나름의 제대로 된 진료 방식을 고수해서 자리를 잡고 나자, 이렇게 진료를 하는 것이 나 혼자여서는 안 되겠다는 생각이 들었다. 나야 든든한 남편도 있고 병원에서 눈칫밥 좀 먹어도 버틸수 있는 재간이 있지만, 이건 애당초 제대로 된 보상 시스템이 없다면 할 수 없는 일이었다. 단지 진료 시간을 몇분만 더 할애하면 될 일인데 그것이 그렇게 어려워서 환자들의 치료에 차이가 난다는 것도 불합리했다.

마침 당시 학회 보험이사 일을 시작하게 된 차에 나는 관절염 진찰 수가를 만들어보겠다는 계획을 세웠다. 환자 한 명당단 몇분 진료 시간을 더 늘리는 것(적정 환자 수를 유지하는 것의 동의어이다)이 대한민국의 의료 현장에서는 넘을 수 없는 장애

물이 되는 경우를 너무 많이 보아왔기 때문이다. 그러나 수가를 만드는 정식 루트인 심사평가원의 결론은 '절대 불가'라는 것이었다. 학회를 동원하고 국회 공청회까지 찾아다니면서 제대로 된 관절 진찰 수가가 왜 필요한지를 악을 쓰며 어필을 하고 다녔는데 누구도 들은 척하지 않았다.

정작 돌파구가 보인 것은 박근혜 정권이 도입한 선택진료비(소위 특진료)를 폐지하는 정책이 시행된 후였다. 병원들의 손실을 보전해준다는 명목으로 과별로 적선하듯 수가를 올려주겠다는 상황이 벌어졌는데, 이것도 원칙을 따지면 참으로 황당한 일이었다. 평소 힘들다고 징징 짜고 다니는 순서대로 적선이 돌아갔다. 수천억 원의 재정이 들어가는 일인데 집행은 이런 식으로 선심성, 즉흥성으로 했다. 당시 과별로 어필을 하려고 자리를 마련했는데, 공무원들이 회의실에 입장하는 대학 교수들을 마치 동냥하러 온 거지 떼 보는 시선으로 쳐다보던 것이 지금도 기억이 난다.

어쨌든 류마티스 내과도 관절 진찰이 꼭 필요한 행위여서가 아니라, 평소 돈 못 벌고 구박받는 과이니 뭐라도 하나 해주겠다는 차원에서 관절 진찰 수가를 만들어주겠다는 소식이 들려왔다. 하지만 고지식하게 심사평가원에서 산출한 관절 진찰 수가 근거와 재정 산출에 오류가 있음을 지적해서 공문을 보낸 것이 괘씸죄였는지 진찰 수가 제정은 없던 일로 공중분해 되어버렸다. 이 사례는 3분 진료의 해결을 방해하는 것이 누구인지 극명히 보여준다.

# 고혈압도 대학 병원에서,
# 무너진 의료 전달 시스템의 문제


### 큰 병원 갈래요

내 나이가 되면 부모에게서 전화가 오면 일단 놀라게 된다. 항상 바쁜, 잘나빠진 딸을 둔 덕분에 전화도 함부로 못 하는 엄마가 갑자기 전화를 할 때에는, 당연히 좋지 않은 소식을 들을 것이기 때문이다. 아니나 다를까 이번에도 그랬다.

"내가 혈압이 200이 나온다는데 어쩌니?"

동네 노인정에서 혈압을 재어보니 그렇더란다. 엄마는 젊었을 때에는 저혈압이었다.

"그동안에는 혈압 괜찮았어요?"

"응, 뭐 혈압 때문에 문제 있었던 적도 없었고."

내가 해외에 있기 때문에 바로 연락을 할 수 없어서, 남편에게 연락해서 A 대학교 병원에 진료 예약을 했단다. 나는 도움도 못 줬으면서 혀를 찼다.

"아니, 혈압 때문에 A 대학교 병원을 가는 사람이 어디 있어요? 동네 내과부터 가야지."

"글쎄, 집 앞 내과에 갔더니 큰 병원 가라 하던데…. 의뢰서도 받았는데?"

더 이상 할 말이 없다. 이제 동네 병원에서는 고혈압 치료도 못 하는 건가? 그러고 보니 내과 개원의의 주 수입원이 마늘 주사, 신데렐라 주사, 비만 클리닉이라는 이야기를 들은 지 꽤 되었다. 피부 미용 시술이 주 종목이 된 결과 피부과 개원의가 피부 질환을 진단하지 못한다는 이야기를 들은 지는 훨씬 더 오래되었는데, 이제는 내과까지 이 지경이 되었나 보다.

"예약한 건 어쩔 수 없고 A 대학교 병원에서 진료를 받고 약 처방을 받으면 당장 혈압기 하나 사서 매일 재고 수첩에 적어서 제게 보내세요."

이처럼 경증 질환으로도 대학 병원을 방문해야 하는 현실은 우리나라의 의료 전달 체계가 완전히 무너졌다는 것을 방증한다. 병원은 규모에 따라 분류되는데 흔히 말하는 '동네 병원'은 의원을 지칭하고 1차 의료기관에 해당한다. 의원의 상위 기관은 병상 수에 따라 병원, 종합병원, 상급 종합병원으로 분류된다. 일반적으로 대학 병원들은 상급 종합병원인 경우가 많은데 이는 다시 빅 포(big 4), 혹은 빅 파이브(big 5)와 그 밖의 대학 병원으로 나뉜다. 의료 전달 체계란 이렇게 병원을 분류해서 경증 질환은 1차 의료기관에서 치료하고 중증 질환만 상급 병원에서 치료하도록 하는 것인데, 선진국에서는 이를 엄격하게 지키고 있다.

병원을 분류하고 의료 전달 체계를 지키는 이유는 대부분의 질환이 별다른 시설이나 검사 장비가 없어도 의사의 전문적인 지식과 기술만으로 해결되기 때문이다. 고혈압을 예로 들면 혈압 측정, 혹은 혈압의 추이에 대한 관찰 그리고 환자에게 적절한 약제를 고르고 약이 잘 듣는지를 점검하는 행위 등을 해야 하는데, 이는 의사이 전문 지식과 판단만으로 충분하다. 국제보건기구WHO에서 지정한 인류의 삶의 질을 위협하는 다빈도 질환에 포함되는 대부분의 질환은 1차 의료에서 충분히 해결된다.[4] 그러나 현실적으로 상급 종합병원의 외래 진료실은 언제나 다빈도 경증 질환 환자로 미어터지고 있다.

이제 제게는
안 오셔도 됩니다

나는 환자들에게 예약을 받아 오래 기다리게 하는 것으로 명의를 가늠하는 것은 해악이라 생각한다. 그러나 현실에서는 항상 내 뜻대로 하기 쉽지 않기 때문에, 경증 환자가 내게 오거나 다니던 환자가 병이 잘 조절되어 동네 병원에서 치료를 해도 되는 상황이면 적극적으로 동네 병원 진료를 권한다. 그래야 중증 환자가 들어올 자리가 조금이라도 빨리 생긴다. 그런데 환자를 동네 병원으로 보내는 것이 결코 쉽지 않다. 내가 마주하는 건 대개 세 가지 반응이다.

"저 어차피 이 병원에서 A과, B과, C과, D과 다니고 있어요. 여기서 그냥 다 볼래요."

가장 일반적인 반응이다. 그런데 이 환자가 가지고 있는 다른 병들이 딱히 중증 질환인 것도 아니다. 그럼에도 타과 진료에 대해서는 뭐라 할 수 없어서 내 뜻은 관철되지 않는다.

"동네 병원 가면 약도 길게 안 주고 믿음도 안 가요."

이것도 내가 어떻게 할 수 없는 문제이다. 그래도 잘 찾아보면 좋은 의사들이 많다고 설득하지만 환자가 나쁜 경험을 늘어놓기 시작하면 속수무책이다. 만성질환 환자에게 약을 너무 짧게 처방하는 것도 문제이기는 하다.

"선생님이 계속 저 봐주시면 안 돼요?"

인간적으로 참으로 어렵다. 그러나 이때에는 일단 동네 병원에서 진료를 보시고 문제가 생기면 다시 오면 된다고 설득해 본다.

나처럼 환자가 오래 예약을 기다리게 하거나 환자의 머릿수만으로 존재감을 드러내는 것을 의료계의 적폐라고 생각하는, 좀 이상한 의사도 환자를 1차 기관으로 돌려보내기가 이처럼 쉽지 않다.

외국에서는 1차 의료기관에서 치료받던 환자가 그보다 높은 급의 병원에서 진료를 받으려면 1차 의료기관 의사의 소견서가 첨부되어야 한다. 그런데 의학적인 이유, 즉 상급 병원에서 치료를 받아야 하는 명백한 사유가 있지 않다면 1차 의료기관 의사는 환자가 요구한다고 해서 의뢰서를 발부하지 않는다. 우리나라는 많은 환자가 1차 의료기관을 상급 종합병원에 가기 위해 의뢰서를 발부받는 창구 정도로 생각한다. 어차피 환자를 세심히 볼 동인도 높지 않은데 치료 효과에 대한 불만족을 이유로 큰 병원을 고집하는 환자들을 보면, 1차 의료 의사는 두말없이 의뢰서를 발부하기도 한다.

상급 병원은 상급 병원대로 아무리 환자가 많아도 다 받아들인다. 환자들이 바글바글한 진료실은 언제나 병원의 명성을 올리는 데 효과적이다. 당연히 수입도 늘어난다. 어차피 진료의 질을 따진 적은 없었다. 첨단 검사가 진료의 부실을 때우는 수단이었다.

상급 병원은 중증 질환으로 치료받는 환자가 함께 가지고 있던 경증 질환들도 협진 의뢰 시스템이라는 편리한 제도를 통해 원내의 다른 과들로 배분하면서 환자를 붙잡아둘 수 있다. 경증 질환 환자를 1차, 2차 기관으로 돌려보낼 수 있도록 하는 회송 시스템은 실시된 지 10년이 훨씬 넘었지만 작동을 하지 않는다. 진료 환자를 회송하는 동기를 유발할 요인이 전혀 없기 때문이다. 환자들 입장에서는 동네 병원에 대한 신뢰가 무너져 있기 때문에 그나마 시스템이 갖춰진 상급 기관을 마치 공공 의료 시설처럼 믿고 이용하는 면도 있다. 물론 큰 착각이다.

크게, 더 크게

_ 공룡이 된 병원들

빅 파이브 병원 중 두 곳이 재벌 소유라는 것은 우리나라의 특이한 점이다. 의사들은 우리나라의 의료가 수입에 따른 성과 위주로 흘러가기 시작한 기점이 이들 재벌에 병원 소유를 허가한 이후라는 데에 대체로 의견을 같이 한다. 자본주의 첨병인 미국에서조차 "우리나라의 병원 중 가장 큰 두 곳이 대기업 소유"라고 하면 놀라움을 금치 못한다.

이들 병원에서 채택한 경영 방침은 현재 우리나라 모든 종합병원 경영의 교과서가 되었고 그 결과가 현재 정착된, 수입으로 결정되는 성과 평가와 이에 따른 과도한 경쟁이다. 이 시스템은 거꾸로 미국의 자본가들이 벤치마킹을 해서 지금 미국에서는 병원들이 병합을 반복하며 초대형 병원으로 거듭나고 있다. 캘리포니아주 새크라멘토의 초대형 병원 체인 수터Sutter는 최근 시장 독점에 의한 공정 거래 훼손과 이로 인한 의료비 상승을 이유로 주 정부에 고소를 당했고 5억 7000만 달러의 합의금을 지불할 것으로 예상된다.[5] 이처럼 대형 마트의 동네 시장 파괴와는 차원이 다른 문제들이 대형 병원 쏠림으로부터 비롯된다.

상급 종합병원의 환자 쏠림은 저비용으로 치료할 수 있는 질병들이 고비용 질병으로 전환되는 문제를 유발한다. 대형 병원들이 과잉 진료를 해서라기보다는, 환자의 몸을 전문의별로 세분화해서 진료를 하면 세세한 이상들이 발견되고 비용이 더 늘어나기 때문이다. 질병 치료 중 무엇이 필요하고 무엇이 필요하지 않은지 일반인이 평가하는 것은 불가능에 가까운데, 결국 환자에게도 대형 병원을 다닌다는 정신적 위안(?) 외에는 유리한 점이 별로 없다.

관리가 중요한 만성질환들은 나를 오랫동안 꼼꼼히 봐줄 나를 잘 아는 의사가 진료하는 것이 가장 유리하다. 하지만 대학 병원의 바쁜 교수들은 내가 그 병원 어떤 과들에 다니는지도 잘 모른다. 그 환자가 다른 과에서 어떤 약들을 처방받는지도 파악하기 어렵다. 여러 가지 병을 가지고 있는 고령 환자일수록 환자를 전인적으로 보아야 하는데 대학 병원의 여러 과를 전전하면 돌아오는 건 각 과에서 처방받은 한 보따리의 약뿐이다.

환자를 회송할 수 있는 의사들의 결정권을 강화하는 것이 기본 방안일 터인데, 어떤 환자를 경증 질환으로 다루어야 할지는 담당 의사만이 결정할 수 있기 때문이다. 무너져버린 1차 의료기관에 대한 신뢰를 구축하기 위해 서구 선진국의 기준 진료 시간인 15분 진료가 정착할 수 있도록 진찰 시스템을 정비하는 것도 매우 중요하다. 사무장 병원의 문제에서 볼 수 있듯이 젊은 의사들이 직업 전선에 나왔을 때 초기 비용이 너무 과도해지지 않도록 제도적 정비를 하는 일도 필요하다. 지대나 시설 투자에 많은 비용을 들이지 않아도 진료를 할 수 있는 여건이 마련되어야 하는데, 적절한 시간 보상하에 왕진 시스템을 활성화하는 것이 대안이 될 수 있다.

## 병원은 사기업인가

병원이 오롯이 사유 재산이라는 생각이 지속되는 한 의료의 자본 복속과 대형 병원 쏠림은 막을 방법이 없다. 의료의 공공성에 대한 국민들의 대의가 모아진다면 결국 병원들의 행태에도 어떤 형태로든 정책적 개입이 있어야 할 것이다. 현재 시행되고 있는 병원 줄 세우기보다는 더 실효성 있는 방안이 필요하다.

병원의 재무재표에서 인건비 비율을 따져보는 것이 한 예이다. 지금의 기술 위주 의료는 인건비에 대한 적절한 보상이 없는 상황에서 병원들이 인건비를 줄여서 이윤을 최대화하려는 전략을 구사함으로써 악화되고 있는 것이기 때문이다. 우리나라 병원들에서 인건비 비중이 40퍼센트를 넘으면 경영이 어렵다고 아우성인데 유럽 국가들의 병원 인건비 비율은 60퍼센트가 보통이다.

한참 더 나가서 스웨덴에서 실시되는 기업의 공동 결정법 체계를 생각해보자. 현재 우리나라 어떤 사람들의 기준에서 보면 스웨덴은 '빨갱이 나라'라고 간주될 수도 있지만, 20세기 초반만 해도 유럽에서 가장 불평등 수준이 높은 나라였다. 그러나 반세기 만에 스웨덴은 세계에서 가장 평등한 사회가 되었다. 기업에서 자본 참가와 무관하게 임금 노동자 대표자들이 이사회에서 '공동 관리' 원칙을 법적으로 확립한 데 기인한 바가 컸다. 기업에서 이런 일이 가능하다면 병원에서 가능하지 않을 이유가 없다.

관료 체계의 과도한 권한을 견제하기 위해 집권 중인 정부가 원하는 정책은 멋대로 관철시킬 수 있는 여러 기관과 기구들, 특히 건강보험 정책 심의위원회(건정심)의 구조는 대폭 수정하고 시민과 전문가의 의견을 잘 수용할 수 있는 시스템을 만들어야 한다. 현재의 건정심은 중재 역할을 맡아야 할 공익 위원들을 정부에서 임명할 뿐 아니라 가입자 역시 일부 친정부 단체로 지정하는 경향이 있다. 그리고 공익 위원들의 결정권이 매우 큰 비대칭성 때문에 사회적 합의 기구로서의 역할을 수행하지 못한다는 문제점을 지적받고 있다.

1970년대 초반 의료의 완전 공공화를 위해 의사들을 모두 공무원 신분으로 만들었던 스웨덴은 얼마 후 20퍼센트는 사적인 시스템으로 전환했다. 효율성의 문제 때문이었다. 지금 우리나라의 보건 정책 입안자들의 기준이 되는 유럽 국가들의 의료는 모두 공적 시스템과 사적 시스템이라는 두 가지 트랙으로 운영되면서 공공성과 효율의 균형을 맞춘다. 전체를 공적인 시스템으로 운영하는 경우는 쿠바와 같은 공산주의 국가에서는 가능하지만, 탐욕이 사회를 구성하는 기반인 자본주의 국가에서 의료만 그렇게 작동하도록 하는 것은 불가능하다. 우리나라의 자랑인 저비용 고효율의 의료는 의사들이 무지막지한 노동량을 금전적인 보상과 교환해서 얻은 결과이다.

많은 국가에서 공공의료 시스템은 사적 시스템과 충분히 경쟁할 수 있을 정도로 확립되어 있고, 국민들은 자신의 상황에 따라 유리한 쪽을 선택할 수 있다. 물론 두 시스템의 균형을 맞추는 것은 결코 쉬운 일이 아니고 공적 부문을 위협하는 다양한 자본주의적 공세들로 사적 시스템이 우위를 점유할 가능성은 항존한다. 이에 대해서는 리오 패니치Leo Panitch 등이 저술한 『자본주의의 병적 징후들』에 잘 정리되어 있다. 하지만 우리나라에서 지금 이런 투 트랙을 만든다면 공적 보험은 일거에 무너져버릴 가능성이 높다. 우리나라는 '강제 요양 급여 지정'으로 상징되는, 경제 성장 정도나 국민들의 눈높이와는 맞지 않는 관치 의료로 50년을 버텨왔기 때문이다.

공적 의료를 바로 세우는 일은 실현 가능성도 없는 거창한 레토릭보다는, 지금도 적자를 면치 못하는 전국의 많은 공공의료원들을 어떻게 정상화해서 운영할 수 있을지에 대한 치열한 분석에서부터 시작되어야 할 것이다. 공공의료원을 제대로 운영하지 못하고 사립 의료 기관과 같은 경영 논리에 몰리도록 하는 한 의료의 공공성은 공공 염불일 뿐이다.

참여정부 시절 공공의료 기관을 30퍼센트로 확충하겠다고 한 것은 그것이 공공병원들이 국가 의료의 토대를 이룰 수 있는 임곗값이었기 때문이다. 물론 기획재정부는 그런 재정을 용납한 일이 없었고 앞으로도 하지 않을 것이다. 아쉬운 대로 지금 존재하는 공공의료원들이라도 제 기능을 하도록 정비해야 하는데 이것조차 쉬운 일이 아니다.

# 세상이 바뀌어야 의료도 바뀐다

치유란

앞으로도 항상 내 안에 살아 있을 고통과

공존하는 법을 배우되,

고통의 존재를 외면하지 않고

삶을 고통에 빼앗기지 않는 일이다.

— 술라이커 저우아드, 『엉망인채 완전한 축제』

### 대혼돈의 다중 진실 시대

현대 의료의 혼란한 상황을 비판하는 많은 책이 나와 있다. 대부분 의사들이 저자이기 때문에 독자들은 그 내용을 신뢰하게 되고 병원을 이용하면서 느꼈던 불만 사항을 시원하게 비판하기 때문에 더욱더 책에 공감하게 된다. 이 책도 물론 그런 범주에 속한다.

이 책에서 내가 가장 경계한 것은 내가 전하는 메시지가 불완전하지만 의학자들이 오랜 시간 창출한 최선의 증거들을 기반으로 행해지고 있는 의료 행위 전반에 대한 총체적인 부정으로 비치지 않을까 하는 점이었다. 세상 많은 일이 그렇듯 의료가 기반을 둔 진실들에도 절대적인 것은 없다. 한 세대 전에 특정 질환에 대한 최선의 치료가 지금 보면 믿을 수 없을 정도로 조악한 경우도 많다. 그러나 하루가 멀다 하고 새로운 데이터가 나오는 지금의 잣대로 과거를 잴 수 없고 의사들은 지금 우리가 가지고 있는 최선의 증거(어쩌면 수년 후에는 최선이 아닐 수도 있는)를 기반으로 환자를 치료한다.

베스트셀러의 반열에 오른 어떤 책들을 보면 오히려 환자들에게 해를 끼치는 정보를 제공하는 것들도 있다. 일본에서 베스트셀러가 된 『의사에게 살해당하지 않는 47가지 방법』이라는 책은 그 센세이셔널한 제목만큼이나 우리나라에서도 큰 화제가 된 바 있다. 이 책에서는 "항암제는 효과가 없다", "암은 원칙적으로 방치하는 편이 좋다"라는 그야말로 눈이 번쩍 뜨일 만한 내용들을 수록하고 있고 그중 많은 내용이 진실에 기반을 두고 있다. 그러나 진실에는 많은 층위가 있고 그것이 의학이라고 해서 예외인 것은 아니다.

한 부분만 지적한다면 "가능한 모든 약의 사용을 중단하라"라는 내용이 나온다.[1] 여기서 저자는 "모든 환자에게 한 번에 세 종류 이상의 약을 처방하는 의사는 믿지 말고 다섯 종류 이상의 약을 한 번에 먹는 행위는 상당히 위험하다"라고 강조한다.

여러 종의 약을 한 번에 처방받는 것을 다약제 복용poly-pharmacy이라고 하는데 만성질환의 상당수는 다약제 복용이 원칙이다. 물론 엄정한 임상 시험의 결과에서 도출한 치료법이다. 양극성 장애를 앓고 있는 내 딸은 다섯 종류의 약을 복용한다. 아이는 수년간의 시행착오 끝에 얻은 이 처방으로 생활을 유지할 수 있게 되었다. 물론 동일 질환이라 하더라도 경증인지 중증인지에 따라 처방은 하늘과 땅처럼 달라진다.

나도 중증 류마티스 관절염 환자를 치료할 때 통상 다섯 가지 정도의 약을 처방한다. 나는 약을 과신하지 않고 비교적 적게 쓰는 의사에 속한다. 내가 처방하는 약은 두 종의 면역 조절제와 부작용 감소를 위한 엽산을 기본으로 깔고 있다. 대개 3개월 내지 4개월 간격으로 환자가 통원하는데 병의 특징상 파도타기처럼 중간 중간에 증상이 나빠질 때가 있고 그때마다 병원으로 달려올 수는 없기 때문에 상태가 안 좋을 때 복용하는 약을 두 가지 정도 더 쥐어준다.

이렇게 일상생활에 지장을 주지 않으면서 관절 변형이 안 생기도록 하는 것이 치료의 목표이고, 그 목표를 위한 최소한의 약을 쓰는 것이 최선의 치료이다. 모든 경우에 가능한 것도 아니어서 정말 염증 조절이 안 되는 경우 여기에 생물학적 제제를 추가하기도 한다. 어떤 환자가 세 종류 이상의 약을 처방하는 의사를 믿지 말라는 말을 듣고 나에게 받은 약 중 몇개를 임의로 뺀다면 아마도 얼마 안 있어 다리를 절룩이며 다시 병원을 찾게 될 것이다. 그것이 류마티스 관절염의 특징이다.

물론 치료가 완벽하진 않지만, 중증인 경우 대부분 휠체어 신세가 되었던 불과 한 세대 전에 비하면 분명 진일보한 것이다. 조절이 잘되고 염증이 말을 잘 듣는 경우 약의 개수가 현저히 줄고, 심지어는 일주일에 약을 한 번만 먹는 것으로도 생활에 문제가 없는 환자들이 있지만 그렇지 않은 경우가 더 많다.

나도 환자들이 여러 과를 돌면서 받아오는 한 보따리 약을 보면, 특히 노인 환자에게 늘어만 가는 약을 보면 진저리를 치지만, 이렇게 약을 세 종 이상 쓰는 의사는 믿지 말라는 말을 맥락도 없이 쉽게 하는 사람들을 보면 아연실색해진다. 의사가 제약회사에 포섭되어 생각 없이 약을 많이 쓰는 것이 아니다. 짧은 진료 시간, 파편화된 전문화의 현실에서 단시간에 환자를 처리하기 위해서는 환자의 말을 잘 들어주는 것보다는 약 하나 더 쥐어주는 것이 훨씬 효율적이기 때문이다.

우리가 비교적 진지하게 받아들이는 매체인 책에서 이런 혼란스러운 정보들이 만연한다면 다른 건강 관련 매체들의 혼란상은 더 말할 필요가 없을 것이다. 물론 전달하는 사람의 메시지를 받아들이는 사람이 오해를 하는 경우도 흔히 있다. 가장 간단하게 정보의 신뢰성을 확인하는 방법은 그 정보가 금전적인 이익을 추구하는지를 살피는 것이다. 이 방법이 매우 애매하기는 하다. 공중파 건강 프로그램에 나오는 교수들은 자신의 명성이라는 (간접적으로 금전적 이익이 될 수 있는) 이익을 추구하는 건 아닐까? 그러나 현대 의학의 문제점을 열 올려 비판한 후 바로 건강식품을 권하는 내용이 있다면 불신하는 것이 현명하다.


그 약 먹어야 해,
말아야 헤?


거짓말을 가장 잘하는 방법은 참말을 섞어서 하는 것인데 한 스푼의 진실을 섞으면 왜곡된 주장이 힘을 받고 환자들은 혼란에 빠진다. 다음과 같은 주장이 대표적인 경우이다.

"콜레스테롤을 낮추는 약들은 여러 가지 부작용을 일으키는데 제약 회사들의 로비 때문에 의사들은 아무 생각 없이 피검사 결과만 보고 약을 처방해서 환자들에게 위해를 끼친다."

나도 고지혈증 치료 지침에서 콜레스테롤 목표 수치가 점점 낮아지고 새로 개발된 약제는 점점 비싸지는 현상을 매우 불편하게 바라보고 있다. 소위 '나쁜 콜레스테롤'이라고 부르는 LDL-콜레스테롤의 치료 기준은 100mg/dL 이하였는데 최근 초고위험군에서는 70mg/dL 이하로 권장되고 있다.[2] 고지혈증 치료제 신약 레파타가 개발되었을 때 1년에 2000만 원에 달하는 약가 때문에 미국에서도 처방에 부정적인 의견이 많았지만 이제 국내에서도 이 약을 처방하는 예를 드물지 않게 볼 수 있다. 이 약의 가격은 기존 고지혈증 치료제의 100배가 넘는다.

　그러나 나는 담배를 피우는 60세 남자가 콜레스테롤이 높다면 정상인 경우보다 10년 내 심장 질환으로 죽을 확률이 2퍼센트 (고혈압이 같이 있다면 11퍼센트) 더 높아진다는 사실 또한 알고 있다.[3] 7만 명이 넘는 환자를 대상으로 하는 고지혈증 치료제의 임상 연구들을 분석했을 때 심장 질환, 뇌졸중, 사망 등 모든 지표에서 고지혈증 치료를 한 사람들이 치료하지 않은 사람보다 나은 결과를 보였다는 것도 알고 있고, 치료하지 않은 사람의 성적이 너무 나빠서 중간에 연구를 중단시켜야 했던 일도 있다[4]는 것도 알고 있다. 물론 2퍼센트나 11퍼센트라는 절대적인 리스크가 그리 대수냐는 의견도 있을 수 있다. 하지만 자신이 약을 쓰지 않았을 때 마주해야 할 위험이 감당할 수 있는 수준의 것인지를 이해한 후에 내려야 할 결정일 것이다.

　가장 근본적인 문제는 고지혈증 검사 수치 외의 변수들(나이, 성별, 과거력, 동반 질환 등)을 세심히 살피고 환자가 자신의 위험을 어떻게 이해하고 받아들이는지 등을 모두 고려해서 약을 처방하는 것을 불가능하게 만드는 진료 환경에 있다. 3분에 한 환자를 해결해야 한다면 결국 참고할 수 있는 것은 검사 결과밖에 없기 때문이다. 고차 방정식을 풀 수 있는 능력을 가진 전문가를 1차 방정식밖에 못 풀게 만들어놓은 상황이다.

　한참 나간 생각이긴 하나 우리나라의 인간 소거 의료를 상징하는 '3분 진료'가 해결되지 않는 이유가, 현 상황이 제약 업계를 포함한 의료 산업에 이득이 되기 때문은 아닌지 의심하기도 한다.

집단의 문제와 개인의 문제는 다른 사안이고 이것을 구분하지 않으면 혼란만 생긴다는 것도 이해해야 한다. 단적인 경우가 백신이다. 전문가가 나서서 백신을 반대하는 내용을 주장하기도 하는데 코로나 시국에서는 경솔하고 위험한 언동일 수밖에 없다.

코로나 백신의 효과는 이미 대규모 임상 연구 결과로 입증된 것이지만 인구 집단을 통틀어 백신을 맞은 군과 맞지 않은 군의 차이를 규명한 것일 뿐이다. "저 백신 맞아도 돼요?"라는 개별적인 질문에 의사들이 명쾌하게 답을 할 수 없는 이유는, 집단 수준에서는 확률적으로 백신을 맞는 이득이 분명히 크지만, 질문하는 환자 개인에게 백신이 코로나 감염을 막아주고 부작용이 없다는 것을 보장하는 것은 불가능하기 때문이다. 임상 연구를 할 때 낮은 확률이지만 백신을 맞은 쪽에서도 코로나에 감염되어 좋지 않은 결과를 보인 사례는 존재하고, 내가 백신을 맞았음에도 좋은 결과를 얻지 못한 쪽에 속할 가능성이 0이 아니기 때문이다.

또한 코로나처럼 변이가 지속적으로 일어나는 바이러스에 대한 백신은 변이가 일어날 때마다 효능이 달라지는 것이 당연하다. 그러나 현 시점에서 최선의 증거에 기반하여 인류의 건강을 지키려고 하는 전문가들을 잇속에 휘둘려 사람들에게 해를 주는 악당이라고 함부로 도매금으로 넘기는 것은 무모하다 못해 위험하다.

물론 전문가들도 백신이 완전한 보호책이 아니라는 것쯤은 잘 알고 있다. 어디까지나 확률의 문제이기 때문이다. 치명률이 높지 않은 젊은이들에게 취약한 인구 집단인 고령층을 보호하기 위해 백신을 맞아야 한다고 설득하려면 사회가 얼마나 공공선에 대한 연대 의식을 가지고 있는지가 관건일 것이다. 사실 우리나라 현실을 생각한다면 지금의 접종률도 놀라울 정도로 높은 것이라 생각한다. 나는 아직도 인간의 선의를 굳게 믿는다.


## 우리는 너무 불안해하며 산다

건강해 보이는 60대의 남자 환자가 부인과 함께 진료실에 들어온다.

"어디가 불편해서 오셨어요?"

"불편한 데는 없고 A과에서 이 과에 와보라고 해서 왔습니다."

"A과는 왜 가셨지요?"

"동네 병원에서 피검사가 이상이 있다고 큰 병원 가보라 해서 갔는데요."

이처럼 대학 병원에는 오늘도 자신이 왜 진료를 봐야 하는지도 모르고 진료실을 찾는 환자들이 넘쳐난다. 결국 의사는 탐정처럼 환자의 병이 무엇인지가 아닌, 이 환자가 왜 나를 찾았는지를 탐색해야 한다. 결국 소화불량으로 동네 병원을 찾았던 환자가 몇 가지 검사에서 이상 소견이 발견되고, 그것 때문에 대학 병원 진료를 보게 되었고, 꼬리에 꼬리를 무는 검사 끝에 나를 찾은 것이다. 복부 CT상에서 혈관에 염증 소견이 보였고 혈관염이라는 질환이 의심된다는 이유이다. 혈관염은 희귀 질환에 속한다. 애당초 동네 병원을 찾았던 문제인 소화불량은 다 나은 후이다.

"환자분, 제가 환자분 병력을 듣고, 진찰을 해보고, 그리고 지금까지 하신 검사 결과들을 모두 보고 내리는 결론인데, 이제 검사 그만하시고 그냥 두고 보셔도 될 것 같습니다."

"아니 그래도 CT에서 그런 이상이 나왔다는데요."

"지금 당장 치료를 시작해야 하는 심각한 병일 가능성은 매우 낮습니다. 좀 지켜보다가 만일 문제가 생기면 그때 다시 오셔도 될 것 같습니다."

"그러다가 병을 키우면 어떻게 하지요?"

"그럴 가능성이 매우 낮아 보여서 두고 보자고 말씀드리는 것입니다."

"아니에요. 정말 괜찮은지 확인하는 검사 다 해주세요."

술라이커 저우아드Suleika Jaouad는 자신의 책 『엉망인 채 완전한 축제』에서 수전 손택Susan Sontag의 『은유로서의 질병』을 인용한다.[5]


인간은 모두 건강의 왕국과 질병의 왕국, 두 곳의 이중 국적을 가지고 태어난다… 우리는 좋은 여권만을 사용하길 바라지만, 누구든 언젠가는 잠시나마 다른 쪽 왕국의 시민이 될 수밖에 없다.

저우아드는 명문대를 졸업하고 장밋빛 미래를 그리던 22세의 청년이었다. 그녀는 백혈병을 진단받고 치료하는 과정에서 암 생존자에게 부여되는 영웅담 서사의 허구성을 깨달으며 이 책에서 이렇게 말한다.[6]

나는 문득 질병과 건강 사이의 경계가 얼마나 허술한지 생각한다. … 수명이 점점 더 늘어남에 따라 사람들은 두 왕국의 경계를 계속 넘나들며 그 사이 어딘가에서 많은 시간을 보내게 될 것이다. 그것이 우리의 실존 조건이다. 아름답고 완벽한 건강이라는 닿을 수 없는 목표를 추구하다 보면 끝도 없는 불만족의 수렁에 빠지고 만다.

병원에서 일을 하다 보면 너무 많은 사람이 '완벽한 건강', '완벽한 정상 상태'가 있다고 믿고 이를 추구하는 모습을 보게 된다. 우리나라가 유난히 정상성에 집착하는 경향이 있다는 것은 많은 사람이 지적하는 바인데, 그러다 보면 삶의 한 모습으로 받아들이고 포용해야 하는 많은 문제를 마땅히 치유해야 하는 비정상성으로 낙인찍게 된다.

극단적인 예가 척추 손상으로 걸을 수 없게 된 가수 강원래가 휠체어 공연을 하고 있을 때, 무대 위로 뛰어 오른 황우석 박사의 경우였다. 그는 줄기세포 기술로 강원래의 장애를 완치시켜 그를 "벌떡 일으켜" 세우겠다고 선언했다. 수년 후 그 기술은 사기임이 밝혀졌다.

시러큐스대학 김은정 교수는 『치유라는 이름의 폭력』에서 이렇게 말한다.[7]

> "타자를 소위 나아지게 해줄 것이라는 명목으로 타자가 지닌 차이를 지우려는 힘의 행사", 즉 치유 폭력은 "장애와 질병을 삶을 다른 방식으로 바라보는 여지를 없애는 폭력이다".

과학 기술이 발전하면 언젠가 척수 손상 환자를 치유할 방법을 찾을 수도 있겠지만, 그런 기술이 아직 요원함에도 불구하고 현대 의료는 당장 그것이 가능한 것처럼 사람들을 기만한다. 결과적으로 이러한 장애와 질병은 손쉽게 부정되고 존재하지도 않는 '완벽한 건강 상태'에 대한 무의미한 집착이 자리 잡는다. 먼 미래의 환상적인 (그리고 아마도 너무나 비싸서 일반적인 사람들은 접근할 수도 없는) 최첨단 기술에 의한 치유에 방점을 찍으면, 지금 우리가 가지고 있는 장애나 질병과 함께 잘 살아볼 수 있는 방법은 우선순위에서 힘없이 떠밀린다. 그리고 그것이 내가 될 수도 있는 사회의 많은 약자들의 설 자리를 지우고 삶에 대한 성찰을 불가능하게 만든다. 하지만 불행히도 남는 것은 끊임없는 불안뿐이다.

의료가 지금과 같은 얼굴을 하게 된 것은 당장 뭐라도 해야 할 듯 조바심을 일으키고 등을 떠미는 말기 자본주의 사회의 한 징후일 뿐이다. 몸이 조금만 불편해도 그걸 두고 보는 것은 더 이상 미덕이 아닌 '방치'가 된다. 그 결과 현대인들은 조기 진단, 조기 치료의 구호 아래 수많은 검사들을 행하고 의미도 알 수 없는 수많은 이상 소견 속에서 걱정하다가 길을 잃고 헤매는 신세가 되어버렸다.

"물론 CT에서 보인 이상이 심각한 질병일 확률이 0은 아닙니다. 우리 몸은 그렇게 항시 불확실성과 불완전성을 가지고 기능을 합니다. 여기에서 더 정밀 촬영을 했을 때 우리 환자분이 완벽한 정상 소견을 보일 가능성은 낮습니다. 나이가 드실수록, 이런 정밀 검사를 하면 할수록 무언가 (알 필요도 없는) 이상이 나오게 됩니다. 그러면 거기에 대해 또 더 정밀 검사를 하고 더 나쁜 경우 필요도 없는 치료를 해야 하는 악순환을 벗어날 수 없습니다. 아주 낮은 확률의 불확실성을 환자분만 감내하실 수 있다면, 제 생각으로는 더 이상 검사를 하지 않고 두고 보는 것이 최선일 것 같습니다."

노신사는 곰곰이 생각을 하고 더 이상의 검사는 하지 않겠다고 하고 진료실을 나갔다. 다행히도, "잘못되면 그때는 다 당신 책임이니 따지겠다" 같은 말은 하지 않았다.

## 죽음을 받아들임으로
## 인간을 소환하다

집안에 큰 우환이 있을 때 신묘하다는 분을 만나 사주를 본 일이 한 번 있는데, 내가 90살을 훨씬 넘겨 산다는 말을 듣고 식겁했다.

"그렇게 오래 살아야 한다고요?"

『노화의 종말』이라는 책이 선풍적 인기를 불러일으키며 120세까지 건강하게 살자는 말을 너무나 쉽게 하는 세상이 되었다. 실제로 이 책에 소개된 많은 약(임상 시험 결과가 없고 동물 실험 결과만 있는)을 의사라는 사람들도 복용하는 상황을 종종 본다. 오래 살고 싶어서라기보다는 죽을 때 죽더라도 고생은 덜 하며 죽고 싶다는 소망의 발현이라고 보면서도 사람의 본능이 좀 섬뜩하다는 생각을 하게 된다.

베스트셀러 『노화의 종말』의 저자인 하버드대학 데이비드 싱클레어David A. Sinclair 교수는 2000년대 중반에 예쁜꼬마선충을 이용한 노화 실험에서 서투인sirtuin이라는 물질이 노화를 제어할 수 있다는 사실을 밝혔고 일약 노화 과학계의 스타가 되었다. 일반적인 생각과 달리 과학 연구도 시류를 심하게 타는데, 현대 사회의 화두인 건강 노화와 연구 방향이 맞아 떨어진 결과였다. 특히 미국 사람들은 자신들과 같이 고기나 버터 등 기름진 음식을 많이 먹으면서도 심장병이 잘 생기지 않는 프랑스 사람들을 보며 의아해하던 차였다. 이때 '프랑스인들의 역설French paradox'을 이 연구 결과가 잘 뒷받침해주어서 일반 대중에게도 호소력이 강했다. 프랑스인들이 즐겨 먹는 와인의 재료인 포도에는 서투인을 항진시키는 레스베라트롤이라는 물질이 다량 함유되어 있다.

　　이후 레스베라트롤은 일약 불로초에 상응하는 대접을 받으며 건강식품 시장을 석권했다. 싱클레어 박사가 대학에서 운영하던 서투인 프로젝트는 굴지의 제약 기업인 GSK가 7억 2000만 달러를 들여 인수했고 싱클레어 박사는 큰 부자가 되었다. 문제는 그다음부터였다. 과학자들이란 본래 의심이 많고, 또 의심이 많아야 하는 사람들이다. 세계의 많은 연구자가 자신의 실험실에서 서투인 실험을 자체적으로 수행했지만 싱클레어 박사의 결과는 재현되지 않았다. 더 큰 문제는 불로장생의 영약 레스베라트롤에 있었는데, 애당초 레스베라트롤은 복용하면 체내에서 바로 분해가 되기 때문에 장생은 고사하고 몸속에 몇 시간도 남아 있지를 못했다. 따라서 다양한 방법으로 구조를 변이해서 생물학적 효능을 보일 만큼 체내에 오래 남을 수 있는 유도체들을 만들었으나 이렇게 만든 유도체들은 독성이 있어서 오히려 명을 단축시킬 위험이 있었다. 결국 GSK는 사업 시작 5년 만에 서투인 프로젝트를 중단해야 했다.[8] 물론 『노화의 종말』에 그런 이야기는 나오지 않는다.

　　노화 연구는 그 어마어마한 시장성 때문에 많은 연구자의 관심을 끄는 화두가 되고 있다. 그러나 아주 어려운 문제가 있는데, 임상 연구가 거의 불가능하다는 점이다. 다른 약들과 마찬가지로 예쁜꼬마선충이나 쥐에서 유망하게 보이는 물질이라도 인간에서의 임상 연구가 시행되어야 노화 치료제로서 효능을 입증받는다. 쥐에서 효과가 있었지만 사람에서는 효과가 없었던 약들은 신약 개발의 역사상 부지기수로 많다. 그런데 장수-노화 연구는 매우 긴 기간의 임상 연구가 진행되어야 효과를 검증할 수 있고 여기에 어려운 점이 있다. 일반적인 항암제나 관절염 치료제의 임상 연구 기간은 1년 남짓이고 연구 기간이 몇년 만 되어도 아주 어려운 연구가 된다. 그런데 그런 어려운 점이 노화 치료제에는 오히려 장점으로 작용한다. 어차피 제대로 된 임상 연구는 불가능하기 때문에 동물 실험, 그리고 대사 지표 등 노화나 장수와 연관될 것이라고 추측하는 결과들만을 검증하는 임상 연구에서 효과를 보이면, 마치 치료제인 것처럼 대대적인 선전과 함께 (주로 건강식품 시장에) 불로장생의 영약인 듯 판매가 된다. 이에 대해 많은 과학자는 냉소한다.

"노화 방지 약들은 효과가 있습니다. 당신이 생쥐라면…"

그러나 『노화의 종말』류 책들의 더 큰 문제는 과학적인 문제가 아니다. 이 책에서는 각종 수명 연장 기전에 대한 과학적 성취와 장밋빛 미래를 야심차게 펼치다가 마지막 장 "앞으로 벌어질 일들"(환경 오염, 경제적인 문제 등)에 가서 과학만으로는 해결할 수 없는, 수명 연장이 가져오는 문제들을 지적하며 조금 우울한 톤으로 바뀐다. 하지만 종국에는 다시 낙관적인 기술론으로 이야기를 맺고 있다.

현대 의료는 이제 노화를 병으로 간주하고 죽음을 몰아내겠다고 선언하고 많은 과학자는 인간의 한계 여명인 120살을 넘겨 살 수 있는 방법을 연구하고 있다. 지난 한 세대 동안 평균 수명이 고작 10여 년 길어지면서 야기된 어마어마한 사회적 문제에 대해서는 누구도 고민하지 않는 것 같다. 기술이 모든 인본적·사회적 함의를 집어삼킨 결과이다.

머지않은 미래에 정말 인간이 필요 없는 의료가 도래할 수 있다. 땀 한 방울을 넣으면 수십 가지 정보를 제공해주는 AI가 나타날 수도 있고 당신이 어떻게 죽을지를 99퍼센트의 정확도로 알려주는 알고리즘이 나타날 수도 있다. 그러나 인간 없는 의료의 시대에는 환자 또한 인간으로 대접받지 못한다. 자본주의가 인간을 그저 마케팅의 대상으로만 바라보듯 기술이 지배하는 의료의 시대에 인간은 그저 하나의 이상 수치로 환원되고, 그의 삶을 구성하는 다른 모든 맥락은 지워진다. 다시 인간을 소환해야 하는 문제는 비단 의료에 국한된 이야기가 아니다. 우리가 이 세상에 살면서 숨을 쉴 수 있도록 주어진 시간은 유한하고, 우리의 시간이 지나면 기꺼이 다음 세대에게 우리의 자리를 물려줘야 한다는, 인류 역사상 한 번도 어긋난 일이 없는 진실을 기억하고 체화하는 것만이 인간이 소거되는 현실에 맞서서 우리가 인간으로 살아갈 수 있는 유일한 길일 것이다.

# 후기

인간의 행복을 위협하는 의료의 문제를 말한 이반 일리치의 명저 『병원이 병을 만든다』Medical Nemesis가 출간되고 거의 50년이 지났다. 이후 현대 의료는 그가 보았다면 정신을 잃었을지도 모르는 혼란상으로 변신을 거듭하고 있다. 나는 그런 현대 의료의 한가운데 서서, 짧지 않은 시간 동안 진료와 연구에 몰두해온 의사의 입장에서 주로 기술, 그리고 사회적인 부분을 살피며 왜 이렇게 될 수밖에 없었는지를 말하고 싶었다.

요즘 같은 세상에 너무나 많은 이익 주체들의 예민한 부분을 건드리는 글을 써놓고, 출판에 앞서 걱정이 안 된다면 거짓말일 것이다. 내가 평소에 알고 있던 것, 생각하고 있던 것의 절반도 말하지 않았지만 많은 용기가 필요했다. 조지 오웰George Orwell이 글쓰기의 첫 번째 동기는 '순전한 자기만족'이라고 말한 것에 조금은 위안을 한다. 그런 위대한 작가에게도 똑똑해 보이고 싶고, 사후에 기억되고 싶고, 나를 무시한 사람들에게 앙갚음을 하고 싶은 것이 글을 쓰는 가장 큰 동기였다는 것에 우선은 마음이 놓인다. 오웰이 말한 네 번째 욕구, 우리가 추구해야 하는 사회에 대한 사람들의 생각을 바꾸려는 정치적 목적이 나에게도 있었는지는 모르겠다. 그런 거창한 포부는 없지만, 오늘 아침에도 신문 지상을 통해 "대한민국 의료 체계는 전부 공공의료이다. 의료 민영화가 없다"라고 주장하며 공공의료원 건립을 반대하는 홍준표 대구 시장 같은 사람의 목소리를 듣는 것은 정말 불편했다. 나에게 글쓰기는 힐링이었다. 수많은 부조리를 깊게 생각하고 정리하고 그것을 글로 바꾸는 과정은 참을 수 없는 세상을 견딜 수 있게 하는 버팀목이 되었다.

자의 반, 타의 반으로 의사 세계에서 빛 좋은 타이틀이나 말발이 서는 명함으로부터는 멀찌감치 떨어져 있는(그래서 빛이 없어 자유로운), 나와 같은 사람이 이런 글을 쓰게 되었다는 것이 아마도 대한민국 의사들의 가장 큰 비극일지도 모른다. 물론 그런 상황이 의사들만의 문제는 아니다. 막스 베버Max Weber는 도덕적 신념의 윤리와 책임감의 윤리를 균형 잡는 것이 정치가의 미덕이라 했는데, 이런 미덕이 모두 실종된 채 오로지 사욕에만 사로잡힌 정치판의 모습은 어디에나 있다.

의사들이 받는 비난은 그렇게 행동할 수밖에 없었던 환경보다 개인적인 행태에 초점이 맞춰져 있기 때문에 더 큰 틀을 살펴보았다. 어떤 이는 팔이 안으로 굽는 식의 자기 합리화라고 할지는 모르겠으나 이 책에서는 문제를 입체적으로 살피고 비판하는, 속된 말로 '모두 까기'라는 방식을 통해 (문제를 고칠 의향이 있다면) 어떻게 현실이 바뀌어야 하는지를 고민했다. 이 글이 '나만 깨끗하다'는 식의 위선적인 텍스트로 읽히는 것은 극구 사양한다. 비록 많은 부작용과 말기적 증후들이 보이지만 아직도 강건하게 고수되는 자본주의의 패러다임 안에서 나도 다양한 형태의 낙진을 맞으며 살아왔다. 그 지본주의의 영향력이 세상 모든 사람에게 얼마나 넓고 깊게 스며들어 있는지를 인식하는 것이 중요할 것이다. 만에 하나라도 이 책을 보고 나를 믿을 만한 사람이라 생각해서 진료를 보러 오는 일만큼은 제발 참아주시기를 간곡히 부탁한다. 이 책이 던지려 한 가장 큰 화두는 의사들이 소신을 가지고 일할 수 있는 환경을 만들려면, 그래서 누구나 가까운 곳에서 나를 잘 아는 의사를 편하게 찾을 수 있게 되려면 어떻게 해야 하는가였고, 그것이 이 책을 쓴 가장 큰 목적이었다. 신뢰할 수 없는 나쁜 의사들만이 남은 사회에서 사는 것은 모두의 불행이다.

책을 내기까지 쉽지 않은 여정이었고 우리나라에서 의료 문제를 진정성 있게 이야기하는 건 아주 어려운 일임을 실감했다. 많은 사람이 의료 문제를 너무 전문적인 영역이라고 생각하고, 이런 어려운 이야기에 귀를 기울일 필요가 없을 정도로 의료를 동떨어진 문제로 생각하는 사회적인 분위기가 있다 보니, 의사들은 그저 감상적이고 개인적인 이야기밖에는 할 수 없었던 것 같다. 난해하고 가독성이 떨어지기 짝이 없었던 초고를 인내심 있게 읽어주고 조언을 아끼지 않은 돌베개 편집

부 김진구 차장님께 먼저 큰 감사를 보낸다. 이 책은 돌베개와 같은 철학을 가진 출판사가 아니었다면 세상에 나올 수 없었을 것이다. 원고의 세세한 부분까지 세심하게 살펴주고 비로소 읽을 만한 책으로 만들어준 하명성 과장님께도 감사를 드린다. 의과대학 교수 생활을 하면서 하루 24시간이 항상 부족한데, 책까지 쓴다고 나대는 부인, 엄마, 딸을 참아 준 가족들에게 감사한다.

## 1   검사 공화국 대한민국

1   Kang SH, Seo YI, Lee MH, Kim HA. Diagnostic Value of Anti-Nuclear Antibodies: Results From Korean University-Affiliated Hospitals. *J Korean Med Sci*. 2022 May 16;37(19):e159.

2   O'Sullivan J W, Stevens S, Hobbs F D R, Salisbury C, Little P, Goldacre B et al. Temporal trends in use of tests in UK primary care, 2000-15: retrospective analysis of 250 million tests. *BMJ* 2018; 363 :k4666

3   Kim HA, Cho M, Son DS. Temporal Change in the Use of Laboratory and Imaging Tests in One Week Before Death, 2006-2015. *J Korean Med Sci*. 2023 Mar 27;38(12):e98.

4   『건강검진의 거짓말: 당신이 몰랐던 건강검진의 불편한 진실』, 마쓰모토 미쓰마사, 서승철 옮김, 에디터, 2016년, 98쪽.

5   "과잉 건강검진의 후유증, 가짜병·마음의 병·약물 남용…", 『한겨레 21』, 2012년 6월 1일.

6   "결과 통보하고 땡… 1.5조 쓴 국민건강검진 효과 없다", 『중앙일보』, 2019년 5월 1일.

7   "102세 철학자 "저는 살만한데… 나라가 걱정"", 『동아일보』, 2021년 2월 9일.

8   「보건의료 빅데이터, 예견된 실패」, 김진현, 진보사회연대 정세보고서, 2017년 11월.

9   『대량살상 수학무기』, 캐시 오닐, 김정혜 옮김, 흐름출판, 2017, 292쪽.

10  Hollands G J, French D P, Griffin S J, Prevost A T, Sutton S, King S et al. The impact of communicating genetic risks of disease on risk-reducing health behaviour: systematic review

with meta-analysis. *BMJ* 2016; 352 :i1102

11    Petrilli CM, Heidemann L, Mack M, Durance P, Chopra V.
      Inpatient inherited thrombophilia testing. *J Hosp Med*. 2016
      Nov;11(11):801-804.

12    Marcom AR, Bieber M, Caulfield T. Representing a "revolution":
      how the popular press has portrayed personalized medicine.
      *Genetics in Medicine*. 2018 ;20 : 950-956

13    Sumner P, Vivian-Griffiths S, Boivin J et al. The association
      between exaggeration in health related science news and
      academic press releases: retrospective observational study.
      *BMJ*. 2014;349:g7015.

14    Ahn SH, Hwang UK, Kwak BS, Yoon HS, Ku BK, Kang HJ,
      Kim JS, Ko BK, Ko CD, Yoon KS, Cho DY, Kim JS, Son BH.
      Prevalence of BRCA1 and BRCA2 Mutations in Korean Breast
      Cancer Patients. *J Korean Med Sci*. 2004 ;19(2):269-274.

**2**    **기술 중독에 빠진 현대 의학의 세계로 여러분을 초대합니다**

1     Son KM, Hong JI, Kim DH, Jang DG, Crema MD, Kim HA.
      Absence of pain in subjects with advanced radiographic
      knee osteoarthritis. *BMC Musculoskelet Disord*. 2020 Sep
      29;21(1):640.

2     이어지는 내용은 내가 2019년 10월 『경향신문』에 기고한 "인보사
      사태와 한국 바이오의 비극"을 보완하고 업데이트한 것이다.

3     "인보사에 혈세 최소 139억 투입… 누가 책임지나?", 『뉴스타파』,
      2019년 5월 2일.

4     Kim MK, Ha CW, In Y, Cho SD, Choi ES, Ha JK, et al.
      A Multicenter, Double-Blind, Phase III Clinical Trial to
      Evaluate the Efficacy and Safety of a Cell and Gene Therapy
      in Knee Osteoarthritis Patients. *Hum Gene Ther Clin Dev*.
      2018;29(1):48-59.

5     "IBM's Watson supercomputer goes to medical school", *BBC*,
      October 31, 2012.

6     Roh HF, Nam SH, Kim JM. Robot-assisted laparoscopic surgery versus conventional laparoscopic surgery in randomized controlled trials: A systematic review and meta-analysis. *PLoS One*. 2018 Jan 23;13(1)

7     Yaxley JW, Coughlin GD, Chambers SK, Occhipinti S, Samaratunga H, Zajdlewicz L, Dunglison N, Carter R, Williams S, Payton DJ, Perry-Keene J, Lavin MF, Gardiner RA. Robot-assisted laparoscopic prostatectomy versus open radical retropubic prostatectomy: early outcomes from a randomised controlled phase 3 study. *Lancet*. 2016 Sep 10;388(10049):1057-1066.

8     Jeong IG, Khandwala YS, Kim JH, Han DH, Li S, Wang Y, Chang SL, Chung BI. Association of Robotic-Assisted vs Laparoscopic Radical Nephrectomy With Perioperative Outcomes and Health Care Costs, 2003 to 2015. *JAMA*. 2017 Oct 24;318(16):1561-1568.

9     "Is da Vinci Robotic Surgery a Revolution or a Rip-off?", *healthline*, August 10, 2016.

10    Son SK, Kim JH, Bae JS, Lee SH. Surgical safety and oncologic effectiveness in robotic versus conventional open thyroidectomy in thyroid cancer: a systematic review and meta-analysis. *Ann Surg Oncol*. 2015 ;22(9):3022-32.

11    Pate SC, Uhlman MA, Rosenthal JA, Cram P, Erickson BA. Variations in the open market costs for prostate cancer surgery: a survey of US hospitals. *Urology*. 2014;83(3):626-30

12    Bolenz C, Freedland SJ, Hollenbeck BK, Lotan Y, Lowrance WT, Nelson JB, et al. Costs of radical prostatectomy for prostate cancer: a systematic review. *Eur Urol*. 2014 Feb;65(2):316-24.

13    "복강경 수가 11년째 23만 9천 원… 현실은 재료대만 70만 원", 『메디컬타임스』, 2017년 11월 3일.

14    "의료계 뜨겁게 달궜던 '왓슨' 열풍 이대로 식나", 『청년의사』, 2019년 5월 17일.

15    Hwang EJ, Park J, Hong W, Lee HJ, Choi H, Kim H, Nam JG, Goo JM, Yoon SH, Lee CH, Park CM. Artificial intelligence

system for identification of false-negative interpretations in chest radiographs. *Eur Radiol.* 2022 Jul;32(7):4468-4478.

**3**　**약값 괴담**

1　『팩트풀니스』, 한스 로슬링 외, 이창신 옮김, 김영사, 2019. 293~294쪽 내용을 각색.

2　"Why Are Generic Drug Prices Shooting Up?", *Fobes*, Feb 27, 2015.

3　"환자 등골 빠지는 표적치료제 가격 순위", 『헬스코리아뉴스』, 2015년 2월 26일.

4　Gornall J, Hoey A, Ozieranski P. A pill too hard to swallow: how the NHS is limiting access to high priced drugs. *BMJ* 2016; 354. https://www.gov.uk/government/uploads/system/uploads/attachment_data/file/448710/NEW_FINAL_HCV_2015_IN_THE_UK_REPORT_28072015_v2.pdf

5　DiMasi JA, Grabowski HG. R&D costs and returns to new drug development: a review of the evidence. In: Danzon PM, Nicholson S, eds. *Oxford handbook of the economics of the biopharmaceutical industry.* Oxford University Press, 2012: 21-46.

　　4 Drugs for Neglected Diseases Initiative. An Innovative Approach to R&D for neglected patients ten years of experience & lessons learned by DNDi. 2014. http://www.dndi.org/images/stories/pdf_aboutDNDi/DNDiModel/DNDi_Modelpaper_2013.pdf.

6　Neumann PJ, Cohen JT, Ollendorf DA. Drug-Pricing Debate Redux—Should Cost-Effectiveness Analysis Be Used Now to Price Pharmaceuticals? *N Engl J Med.* 2021 Nov 18;385(21):1923-1924.

7　Mazzucato M. High cost of new drugs. *BMJ.* 2016 Jul 27;354:i4136.

8　"고가 항암제, 반드시 환자에 도움되는 건 아냐", 『청년의사』, 2017

년 12월 13일.

9 Reck M, Rodríguez-Abreu D, Robinson AG, Hui R, Csőszi T, Fülöp A, et al. Pembrolizumab versus Chemotherapy for PD-L1-Positive Non-Small-Cell Lung Cancer. *N Engl J Med*. 2016 Nov 10;375(19):1823-1833.

10 Cortes J, Cescon DW, Rugo HS, Nowecki Z, Im SA, et al. ; KEYNOTE-355 Investigators. Pembrolizumab plus chemotherapy versus placebo plus chemotherapy for previously untreated locally recurrent inoperable or metastatic triple-negative breast cancer (KEYNOTE-355): a randomised, placebo-controlled, double-blind, phase 3 clinical trial. *Lancet*. 2020 Dec 5;396(10265):1817-1828.

11 Sun JM, Shen L, Shah MA, Enzinger P, Adenis A, Doi T, et al. ; KEYNOTE-590 Investigators. Pembrolizumab plus chemotherapy versus chemotherapy alone for first-line treatment of advanced oesophageal cancer (KEYNOTE-590): a randomised, placebo-controlled, phase 3 study. *Lancet*. 2021 Aug 28;398(10302):759-771.

12 Colombo N, Dubot C, Lorusso D, Caceres MV, Hasegawa K, Shapira-Frommer R, et al. ; KEYNOTE-826 Investigators. Pembrolizumab for Persistent, Recurrent, or Metastatic Cervical Cancer. *N Engl J Med*. 2021 Nov 11;385(20):1856-1867.

13 Leighl NB, Hellmann MD, Hui R, Carcereny E, Felip E, Ahn MJ, et al. Pembrolizumab in patients with advanced non-small-cell lung cancer (KEYNOTE-001): 3-year results from an open-label, phase 1 study. *Lancet Respir Med*. 2019 Apr;7(4):347-357.

14 Sharma P. Major Strides in HER2 Blockade for Metastatic Breast Cancer. *N Engl J Med*. 2020 Feb 13;382(7):669-671.

15 Lee CK, Davies L, Wu YL, Mitsudomi T, Inoue A, Rosell R, Zhou C, Nakagawa K, Thongprasert S, Fukuoka M, Lord S, Marschner I, Tu YK, Gralla RJ, Gebski V, Mok T, Yang JC. Gefitinib or Erlotinib vs Chemotherapy for EGFR Mutation-Positive Lung Cancer: Individual Patient Data Meta-Analysis of Overall Survival. *J Natl Cancer Inst*. 2017 Jun 1;109(6).

주

16     Drug companies settle claim of misleading doctors on cancer survival data. *BMJ* 2016; 353.

17     "Are Financial Payments From the Pharmaceutical Industry Associated With Physician Prescribing?", *Annals of Internal Medicine*, November 24, 2020.

**4**     **의사들이 왜 이래?**

1     통계청 통계 자료, 자료 갱신일 2022년 10월5일. https://kosis.kr/statHtml/statHtml.do?orgId=101&tblId=DT_2KAAC01_OECD

2     Trilla A, Aymerich M, Lacy AM, Bertran MJ. Phenotypic differences between male physicians, surgeons, and film stars: comparative study. *BMJ*. 2006 Dec 23;333(7582):1291-3.

3     Trilla A, Aymerich M, Lacy AM, Bertran MJ. Phenotypic differences between male physicians, surgeons, and film stars: comparative study. *BMJ*. 2006 Dec 23;333(7582):1291-3.

4     Tsugawa Y, Jena AB, Figueroa JF, Orav EJ, Blumenthal DM, Jha AK. Comparison of Hospital Mortality and Readmission Rates for Medicare Patients Treated by Male vs Female Physicians. *JAMA Intern Med*. 2017;177(2):206-213.

5     Roter DL, Hall JA, Aoki Y. Physician gender effects in medical communication: a meta-analytic review. *JAMA*. 2002 Aug 14;288(6):756-64.

6     "국내 박사 63.1%·美 박사 24.0%… 3명 중 1명은 '여교수'", 『교수신문』, 2013년 4월 22일.

7     "비정년트랙 교수", 『교수신문』, 2017년 11월 7일.

8     "가짜학회 '오믹스'는 의료계의 놀이터…DB 추가 공개", 『뉴스타파』, 2019년 6월 5일.

9     "뉴스타파, 가짜 학회 '오믹스' 학술지 투고 학자 데이터 공개", 『뉴스타파』, 2019년 3월 14일.

10     "그 연구, 왜 하셨어요?", 『프레시안』, 2018년 8월 10일.

11     ""서울대병원서 치료받겠다" 부산에서 KTX 타고 온 급성심근경색 환자", 『청년의사』, 2019년 12월 19일.

## 5 사기업이 된 병원들

1 197~205쪽의 내용은 『의사외전: 대한민국에서 의사로 산다는 것』 (김장한·김현아·박형욱 지음, 허원북스, 2021)에서 내가 쓴 '공공의료라는 파랑새는 어디에' 가운데 일부를 수정하고 보완한 것이다.

2 김경일, 「예비타당성 조사 면제 없는 공공의료 확충은 허상이다」, 『복지동향』, 2020년 6월호.

3 "사무장병원 폐해 심각…건보곳간서 10년간 2조 5천억 원 빼내가", 『연합뉴스』, 2019년 4월 1일.

4 "목사까지 사무장병원…연대책임 물어도 의사만 피박", 『메디칼타임즈』, 2012년 9월 12일.

5 "사람 죽었는데도 그대로… 생명 살리는 병원이 이래도 되나", 『오마이뉴스』, 2019년 5월 9일.

6 "부당한 지시도 일단 하고 본다면…당신의 갑질 감수성은 '옐로카드'", 『경향신문』, 2019년 7월 8일.

7 "자본주의가 '조용히' 마비되고 있다", 『경향신문』, 2022년 10월 20일.

8 "매일 의사 2명씩 업무상과실치사상죄로 기소됐다", 『청년의사』, 2022년 11월 9일.

9 이어질 내용은 내가 2022년 9월 『경향신문』에 기고한 "의사와 병원, 그리고 공염불"을 보완하고 업데이트한 것이다.

## 6 어떻게 바꿀 수 있을까?

1 Woolf S. Politics and mortality in the United States. *BMJ*. 2022 Jun 7;377:o1308.

2 Woolf SH. The Growing Influence of State Governments on Population Health in the United States. *JAMA*. 2022;327(14): 1331-1332

3 https://www.hira.or.kr/bbsDummy.do?pgmid=HIRAA020045030000&brdScnBltNo=4&brdBltNo=2391&pageIndex=1#none

4 https://www.thelancet.com/action/showPdf?pii=S0140-6736%2818%2932279-7

5    "Sutter Health antitrust settlement nears approval after long delay", *Los Angeles Times*, JULY 23, 2021.


**에필로그**

1    『의사에게 살해 당하지 않는 47가지 방법』, 곤도 마코토, 이근아 옮김, 더난출판, 2013, 79쪽.

2    2019 ESC/EAS Guidelines for the management of dyslipidaemias: lipid modification to reduce cardiovascular risk: The Task Force for the management of dyslipidaemias of the European Society of Cardiology (ESC) and European Atherosclerosis Society (EAS), *European Heart Journal*, 2020; 41 : 111-188,

3    US Preventive Services Task Force. Statin Use for the Primary Prevention of Cardiovascular Disease in Adults: US Preventive Services Task Force Recommendation Statement. *JAMA*. 2016;316(19):1997-2007.

4    Chou R, Dana T, Blazina I, Daeges M, Bougatsos C, Grusing S, Jeanne TL. Statin Use for the Prevention of Cardiovascular Disease in Adults: A Systematic Review for the U.S. Preventive Services Task Force [Internet]. Rockville (MD): Agency for Healthcare Research and Quality (US); 2016 Nov. Report No.: 14-05206-EF-2.

5    『엉망인 채 완전한 축제』, 슐라이커 저우아드, 신소희 옮김, 윌북, 2022, 255쪽.

6    같은 책, 349쪽.

7    『치유라는 이름의 폭력: 근현대 한국에서 장애·젠더·성의 재활과 정치』, 김은정, 강진경·강진영 옮김, 후마니타스, 2022, 38쪽 재구성.

8    "GlaxoSmithKline Shuts Down Sirtris, Five Years After $720M Buyout", *xconomy*, March 13, 2013.

김현아 교수의 『의료 비즈니스의 시대』는 통상적인 구분으로는 어느 분야에 속하는지 가늠하기 쉽지 않은 책입니다. 내과 의사로서 평생 겪어온 진료 현장의 경험과 고민들을 풍부하게 서술하면서, 우리나라 전체 보건의료 시스템 또한 그 어느 전문가보다 깊고 넓게 바라보기 때문입니다. 이 책에서는 국가가 제대로 관리하지 못할 경우 자본은 아주 쉽게 의료를 잠식하고, 현대 의료가 인간 소외를 가속화하고 있으며, 대부분의 공공의료기관들이 충분한 재정 지원 없이는 공공성을 유지하는 것이 불가능하다는 사실을 차분하게 설명합니다. 그럼으로써 문제 해결 방안을 명확하게 제시하고 있습니다. 의료인들뿐 아니라 일반 국민들도 자신이 처해 있는 의료 환경을 객관적으로 이해하는 데 큰 도움이 될 만한 책입니다. 일독을 권합니다.

— 주영수(국립중앙의료원 원장)

언제부터인지 우리 사회에서 의사에 대한 신뢰는 땅에 떨어졌다. 의사는 돈만 밝히고 자기 집단의 이해관계만 신경 쓰는 집단으로 매도한다. 그럴 만도 하다. 몸에 이상이 있어 의사를 찾아가면 대개는 건성으로 대한다. 의료보험 대상이 아닌 치료를 받도록 은근히 압박하는 경우도 허다하다. 이런 모습을 보면서 나는 가끔 도대체 의사들은 무슨 생각을 하고 살고 있을까 하는 의문이 들곤 했다. 어느 나라나 마찬가지로 의사는 최고 엘리트다. 최고의 전문성과 윤리성이 요구되는 집단이다. 학업 성적만 우수한 것이 아니라 장시간에 걸친 전문 교육과 고된 훈련을 거친 사람들이다. 어느 사회를 가나 존경의 대상이고 또 그래야 한다. 그런데 자기가 속한 사회가 자신들을 집단적으로 불신하고 매도하는 것을 보면 의사들은 어떤 생각을 할까?

그러니까, '생각이 있는' 의사는 무슨 생각을 할까? 김현아 선생의 책에서 나는 그 질문에 대한 답을 일부 보았다. 한편으로 선망과 존경과 질시의 대상이고 다른 한편에선 조롱과 매도의 대상인 한국의 의사들이 의료 현장에서 무슨 생각을 하는지, 무엇에 좌절하고, 무엇에 체념하고, 무엇에 분노하고, 무엇에 항의하고, 무엇을 지켜내려고 바득대며 하루하루를 보내는지를 나는 이 책에서 엿보았다. 우리 의료 현장의 자기 성찰이자 양심 고백이자 내부 고발이다.

— 주진형(전 열린민주당 최고위원)